日本語からの祝福、日本語への祝福

李琴峰

朝日新聞出版

日本語からの祝福、
日本語への祝福

目次

日本語からの祝福、
日本語への祝福

バレンタインの奇跡

これ開巻第一章なり。まずは詩を二首――

十載苦吟窮鹿島、　十載《じゅうさい》　苦吟《くぎん》すれども　鹿島《ろくとう》に窮し、
一朝独舞進扶桑。　一朝　独り舞ひて　扶桑《ふそう》に進む。
漂漂浮芥帰何処、　漂々《ひょうひょう》たる浮芥《ふかい》　何れの処にか帰らん、
四海八荒皆故郷。　四海八荒《しかいはっこう》　みな故郷。

未有白翁蒼浩筆、　未《いま》だ　白翁《はくおう》の　蒼浩《そうこう》たる筆有らず、
也無邱女冷纖魂。　また　邱女《きゅうじょ》の　冷纖《れいせん》たる魂も無し。
孤琴偶得周郎顧、　孤琴《こきん》　周郎《しゅうろう》の顧みるを　偶《たま》たま得たれば、
漢柱和絃究道源。　漢柱《かんちゅう》と和絃《わげん》もて　道源を究めん。

時は二〇一七年二月、明仁《あきひと》天皇の御代。生前退位のご意向を示されたことにより改元へのカウントダウンが始まった一方、東京五輪に向けて世の中が本格的に賑《にぎ》わい始め、訪日外国人数が過去最高を更新し、新型コロナ禍などまだ誰一人予測していなかった平成の世。当時二十七歳の私は品川に通うしがない会社員で、しかも入社一年目の下っ端。ちょうどバレンタインだった。女性たちがお金を出し合って職場の男性陣にチョコレートを贈ろうという異性愛規範《ヘテロノーマティヴィティ》臭がぷんぷんする恒例行事を断り、代わりに自腹でチョコレートを買って女性陣に配った後の夕方、残業に備えて社員食堂の隅っこで一人で夕食を取っていた。その時、突如携帯が鳴り出した。

知らない番号だった。出てみると、聞いたことのない男性の声が喋《しゃべ》り出した。電波が悪く、男性も早口だったので、最初は話の内容がはっきり聞き取れなかった。またしてもクレジットカードの勧誘か、と思う。有名な大企業の会社員になってからというもの、不動産投資や個人型確定拠出年金、クレジットカードの勧誘電話がしょっちゅうかかってくるようになった。休み時間は十五分しかないのでさっさと夕食を済ませて職場に戻りたいと思っていた私は少しいらつきを覚えたのかもしれない。しかし、男性が発した「講談社」という言葉に、思わずハッとした。

それは半年前、講談社主催の「群像新人文学賞」に応募した小説「独舞」が最終選考に残ったことを知らせる電話だったのだ。

電話を切った後もしばらくの間、私は放心状態だった。今しがた伝えられた奇跡を、どこか信じきれずにいた。

ずっと作家になりたかった。言葉の美しさに魅了され、初めて（中国語で）小説の習作を書いた十四、五歳の時から、ずっと作家になりたかった。高校受験の勉強の傍らに小説は書き続けた。陰鬱な高校時代、周りがマージャンやネトゲや恋愛や部活に打ち込んでいた時、私は狭いアパートの部屋に閉じ籠もって独り原稿に向き合っていた。生の根源に苦しみ、自己表現の手段を見失い、深刻なスランプに嵌《は》まっていた大学時代、それでも作家の夢は諦めたくなかった。純文学が無理なら大衆作家を目指し、通俗小説やライトノベルでも書いてみようかとも考えた。来日して大学院に入り、修士論文を書いていた間も小説のことは考え続けた。自分は天才ではないことを受け入れ、世間のスケジュールに合わせて就活をし、内定を勝ち取って会社員になってからもずっと、内心どこかで文学の夢を見続けていた。乗り始めた朝の通勤電車。春爛漫《らんまん》という言葉に相応《ふさわ》しく咲き乱れる桜の花。そんなある日、「死ぬ」という日本語の言葉に導かれて書き始め、五か月かけて仕上げた小説が「独舞」だった。それは私が最初に第二言語である日本語で書いた小説にして、初めての長編小説だった。

母語ではない言語で小説を書くのは難しい。内容のしんどさもあり、執筆の途中は苦しかった。しかしいくら苦しくとも、言葉を紡ぎ、繋《つな》いでいく作業の確かな感触が私に喜びをもたらしてくれた。出会ったこともなかった言葉を辞書から引っ張り出したり、知ってはいたがなかなか使う機会のない言葉を小説に組み入れてみたりするのは、とても楽しかった。自分の書いた原稿をプリントアウトし、印刷された文字を眺めているだけでたっぷり満足感に浸ることができた。「群像新人文学賞」に応募したのは単なる偶然で、傾向や対策や選考委員のことなど考えていなかった。ちょうど締め切りも枚数も合致するので出してみることにした、それだけだった。過去の応募数を調べたら、毎回ざっと二千作くらいの応募があったと知る。一作一作が、この日本列島のどこかに住んでいる、一人の作家志望者の心血の結晶なのだろう。日本語を母語とする作家志望者だけでも掃いて捨てるほどいるのだ。非母語話者の自分に受賞の機会が回ってくるなど考えてもみなかった。

それだけに、バレンタインの夕方にいきなりかかってきた最終候補入りを告げる電話は衝撃的だった。それはどこか運命的なものを感じさせてもいた。それもそのはず、自らの生まれた国を離れ、子ども時代から馴染《なじ》んできた母語を離れ、大変な努力をしてようやく手に入れた日本語能力を携えて独りこの日出づる列島に引っ越してきた。移住を決意した時は何かを捨てる覚悟をしていたはずだ。台湾にいた頃は十年間、ずっと小説を書き続けたが、結局単著は一冊も出せなかった。生国《しょうごく》と母語を離れる決意をした瞬間は、青臭い作家の夢も半ば遠い過去に捨てたはずだ。太平洋の上空から海へ投げ捨ててきたはずだ。

しかし、バレンタインの電話を受けた後、誰かがまた私の耳元で囁《ささや》き出した。知っている、あなたは諦めきれていない。これこそあなたが日本に移り住んだ意味、そしてこの世に生を受けた意味かもしれない。それがミューズの神託なのか、はたまたサタンの誘惑なのか、当時の私には到底知り得なかった。残業をする気持ちにはとてもなれなかった。私は職場に戻り、軽く荷物をまとめてから退社した。まだ最終候補に過ぎない、最終選考で落ちる可能性は十分にある、期待のし過ぎは禁物だ——そう自分に言い聞かせながらも、あの日見上げた寒空は底の見えない漆黒に覆い尽くされていたが、どこか煌《きら》めいて見えた。

果たして「独舞」は正賞にこそ選ばれなかったものの、佳作に当たる「優秀作」の二作の一つに選ばれ、私は一応作家としてデビューした。そして翌年三月、「独舞」は『独り舞』に改題され、出版されることとなった。初めての単著だ。何という遠回りだろう。台湾にいた頃、私は一か所に留《とど》まり続けることがあまりなかった。大学時代は様々な事情で半年か一年半ごとに引っ越しを余儀なくされた。私が住んだ土地、歩んだ軌跡、出会った人々、紡いだ記憶。絶え間なく流れ続ける歴史の大河からそれらを繋ぎ止めるのは、私の綴《つづ》る言葉だけだった。しかし、それらの言の葉の芽を一冊の本として結実させるためには、まさか生国を離れ、親類縁者を離れ、母語の外側に出て、海まで渡らなければならなかったとは。誰かの手によって紡がれた、意地悪極まりない因果の糸に思いを馳《は》せると、感慨で胸がいっぱいになった。

冒頭の漢詩二首は、そのような感慨に耽《ふけ》りながら初の単著『独り舞』の出版を記念して作ったものだ。ざっと現代日本語の散文に訳してみよう。

「鹿がたくさん生息していたことから『鹿島』とも呼ばれていた台湾で丸々十年間、いくら苦心して書き続けてもなかなか文名が揚がらなかったのに、まさか独りで日本に渡来し、日本語で書いた「独舞」で作家の肩書が得られるとは思ってもみなかった。根無し草みたいに各地を転々としてきたこの身にとって、一体どこが最終的な落ち着き先なのだろうか。まあ、その気があればこの広い世界、どこでも故郷となり得るはずだ」

「私には白先勇《はくせんゆう》＊1のような円熟した文才がなく、邱妙津《きゅうみょうしん》＊2のような繊細な精神も持ち合わせていない。それでも、この孤独な琴が奏でる音がたまたま音楽に精通する周瑜《しゅうゆ》によって認められた以上、漢文化と日本文化という二つの文化を内包している私は、これからも中国語と日本語、二つの言語で書き続けてこの世の道理を探究してみよう。ちょうど漢製の琴柱《ことじ》と和製の琴線でできた特殊な琴のように」

『独り舞』の刊行から、四年間。たかが四年、されど四年。この四年間で平成の世が終わり、首相が二度交代し、新型コロナ禍が世界に襲いかかり、日常生活が大きく変容した。ミャンマーでは軍部によるクーデターが起こり、アフガニスタンではタリバンが政権を奪取し、ロシアがウクライナ侵攻を始めた。私は日本の永住権を手に入れ、会社を辞めて作家業に専念し、幸運にも五冊目の小説『彼岸花が咲く島』で芥川賞を受賞した。賞のおかげでほんの少しだけ知名度が上がり、仕事の幅も広がった。いくつかの肩書や謳《うた》い文句もついた。「芥川賞作家」「史上初の台湾人芥川賞受賞者」「非母語話者では史上二人目」。台湾では一部のネットメディアがアクセス数を稼ぐために、「あの村上春樹ですら取れなかった芥川賞を台湾人作家が受賞」なんていう扇動的で、見ているこちらが申し訳なくなるタイトルの記事も出していた。

賞の結果は当然、運によるところが大きい。芥川賞の選考委員が一人でも違えば、賞の行方は違っていたのかもしれない。「運も実力のうち」とは言うけれど、運の要素を無視していては自分自身に対する評価を誤ってしまう。それだけは何としてでも避けたいことだ。

しかしながら当然、私みたいに日本語を母語としない作家――つまり最初から言語的なハンデを背負っている作家――が芥川賞を取るのは、単純な幸運で片付けられるものでもあるまい。そこには少なくとも日本語という言語を必死に学習する努力が求められる。そしてそうした努力は恐らく、誰でもできるようなものではない。私は天才ではない。自分は天才ではないし、文学の神からもさほどギフトを授かっていないという事実は二十歳を過ぎた辺りから受け入れている。加えて、名家の出でもない。特段裕福な家に生まれたわけでもなければ、文豪の祖父や著名人の親も持ち合わせていない。それとは逆で、むしろリソースが欠乏している台湾の農村地帯で生まれた。親ガチャで言えばせいぜいN《ノーマル》といったところだ。天賦の才もなければ、頼れる家柄もない人が何かを成し遂げるためには、こつこつと努力するしかない。

これから始まるのは、台湾の田舎で生まれた一人の平凡な少女が、ひょんなことから日本語に心を惹《ひ》かれ、日本語に恋をし、日本語と戯れ、時には挫折もしながら次第に身につけていき、やがて海を渡り、日本語の紡ぎ手となるまでの物語だ。私たちは自分の人生しか、しかもたった一度しか生きられない。しかし物語を通して、他者の人生を何度でも追体験できる。私が子どもを産むことはきっとないだろう。自分の遺伝子を誰かに押し付けるなど、想像だけで気分が悪くなる。代わりに、私は言葉を紡ぐ。私の作品は私の唯一無二の子で、たとえこの身が滅んでしまった後でも、誰かが読み続ける限りいつまでも私の命を繋いでいく。時間の果てまで、私の精神が再生されていく。

芥川賞にはもう一ついいことがある。『大辞泉』など一部の国語辞書は芥川賞作家の名前を全部見出し語として収録しているらしい。少女時代からこよなく愛し、大変な時間と労力をかけて獲得した日本語という言語に、自分の名前を刻むことができる。私にとってはそれこそ恋の成就にも似た幸運だ。

それではこれから始まる物語に、どうかしばしお付き合いあれ。

＊1　台湾の代表的な男性作家。一九三七〜。七〇年代の台北新公園のゲイ・コミュニティを描く『孽子《げっし》』が代表作。

＊2　台湾の代表的な女性作家。一九六九〜一九九五。自身もレズビアンであり、レズビアンをはじめ何人もの性的少数者が登場する代表作『ある鰐《わに》の手記』で知られている。一九九五年、留学先のパリにて二十六歳の若さで自死。

サチコとポケモン

私は平成元年生まれである。一九八九年、それは世界史的に転換点となる年だ。その年にベルリンの壁が崩壊し、鉄のカーテンが破られ、中国では天安門事件が起き、民主化運動が頓挫した。日本でも昭和天皇が崩御し、バブル経済の絶頂期の真《ま》っ只中《ただなか》で平成を迎え、日経平均株価が史上最高値を更新した。しかし当然ながら、自分が大変な年に生まれてきたということを知ったのは随分後のことだし、平成元年生まれにもかかわらず「平成」という言葉を知ったのも、平成が半分以上過ぎた後のことだった。子ども時代の私にとって、ベルリンの壁崩壊よりもゲームボーイの発売（こちらも一九八九年だ）の方がよほど重要な出来事だったと言える。

私は台湾の農村地帯で生まれた。鉄道が通っておらず、バスも二時間に一本あるかないかくらいの田舎だ。家から少し歩くと田んぼが広がり、夜になると真っ暗で静かだった。祖父母は貧乏な農家だったが、親はうまく時代の流れに乗って商売を始め、小さな成功を収めた。おかげで私は人並みの教育を受けることができた。

台湾には五十年間（一八九五〜一九四五年）、日本によって植民統治された歴史がある。一八九四年の日清戦争で中国（清国）が負け、下関条約で台湾を日本に割譲したのだ。日本統治時代、特に太平洋戦争が始まって以降、台湾では国語教育という名の日本語教育が進められていた。そのため、台湾では一定年齢以上の世代であれば日本語が話せる人が多く、彼らは「日本語世代」とも呼ばれる。

しかし、それは私の家系とは関係のないことだ。確かに祖父母の年齢で考えると、彼らの子ども時代は日本統治時代と重なってはいる。学校に行っていれば、日本語教育は受けていたはずだ——学校に行っていれば、だけれど。

その地域が田舎過ぎて国語教育が行き届かなかったのか、それとも祖父母が貧乏過ぎて教育を受ける余裕がなかったのか、ともかく祖父母は二人とも日本語ができなかった。それどころか、彼らは中国語もできないし、字も読めないのだ。

あの時代の台湾人はみな当たり前のように日本語ができると思い込んでいる人がいるが、残念ながらそれは事実ではない。少なくとも私の祖父母はそうではない。また、台湾には「犬去りて豚来たり」という言葉がある。「犬」とは台湾を統治していた日本人のことで、「豚」とは日本人が去った後、新たな統治者として台湾にやってきた外省人[*1]のことだ。犬は家の見張りくらいはできるが、豚は食べるだけで働こうとせず、犬よりも劣る、だからあの時代の台湾人はみな日本統治時代を懐かしんでいる、故に親日的だ——そう思い込んでいる人もいる。しかしそれは恐らく一部の知識人や中産階級以上の人たちに限った話であり、政治的なことを何も知らず、教育も受けておらず、国語（その内実が日本語だろうと中国語だろうと）も話せないし字も読めない、地方の農村でただ田んぼを耕していただけの私の祖父母みたいな人たちにとって、誰が統治者だろうと生活は大して変わらなかったのではないかと思う。

日本語も中国語もできない祖父母が日常的に使う言語は台湾語と呼ばれる、中国の福建省南部に起源を持つ中国語の方言だ（方言といっても中国語＝マンダリンとは全く意思疎通ができないため、もはや別言語とも言える）。それは清代の中国から移ってきた福建省移民が持ってきた言語で、台湾で独自の変化を遂げ、更には日本統治時代に日本語の語彙《ごい》を外来語として取り入れてできた言葉だ。

日本語の語彙を取り入れた台湾語の文は、例えばこんな感じだ。

「リナ・ベキ、ディオ・キャ・オドバイ・キ」

「リ・シッザイ・ウガウ・アサリ・ネ」

これは「もし行くならオートバイに乗って行って」「あなたって随分さっぱりした性格をしているね」の意味だが、「オドバイ」は「オートバイ」に、「アサリ」は「あっさり」に由来している。「あっさり」は日本語では副詞だが、台湾語では性格を表現する形容詞として使われており、意味合いも少し変わっている。ちなみに「オドバイ」「アサリ」以外の部分は漢字で表記することもできるが、私の祖父母は字が読めないので、ここではあえて片仮名表記にした。

台湾語は福建省南部（＝閩南《びんなん》）に起源を持つから「台湾閩南語」とも呼ばれ、中国の閩南語とは今でもある程度意思疎通ができる。しかし何と言っても、私の祖父母は農民だ。彼らは日常生活の意思疎通に必要な語彙量しか持っておらず、抽象的な概念を表す言葉はほとんど何も知らない。天気や農作物について話したり、電話番号を伝えたり、簡単な取引をしたりすることはできるが、李白《りはく》の詩を音読したり、マルクス主義について議論したり、言語の深奥について語ったりするために必要な語彙は持っていないのだ。

私の親世代と言えば、台湾語も中国語もできる。台湾語は彼らの親世代から受け継いだし、中国語は学校で習った。もちろん、字も読める。ちょうど多くの台湾人がそうであるように、両親はいつも中国語と台湾語が入り交じった言語で喋《しゃべ》る。二人の会話を聞いていると、こんな感じの文がたくさん出てくる。

「リ・シュンベ・ジャシャ？　ジャ・麥當勞《マイダンラウ》・ガム・ホー？」

これは「何が食べたい？　マクドナルドでいい？」という意味だが、「マクドナルド＝麥當勞」のところだけが中国語で、他は台湾語だ。

そんな両親は、台湾語しかできない祖父母と話す時は台湾語のみ使うが、子ども世代の私とはもっぱら中国語で（時には台湾語も交えて）話した。とはいえ、二人の台湾語は祖父母の世代から自然習得したものなので、やはり抽象的な概念を表す語彙がそれほど豊富ではなかった。

つまり、私の家では親子三代、それぞれ違う言葉を話していた。祖父母は台湾語しか話せない。両親は台湾語も中国語も比較的流暢《りゅうちょう》に話せる。私も両方話せるが、中国語の方がずっと得意で、台湾語はそれほど流暢ではなく、そのため祖父母との会話はいつも難儀していた。だからこそ日本語を習得し、日本に来てから、祖父母よりも年上の日本人とは普通に意思疎通ができるという事実がとても不思議だった。祖父母と難なく会話ができるというのは日本では当たり前のことだろうが、私の家では、世代間に言語的断裂があるという状況こそが当たり前だったのだ。そしてそれは台湾の多くの家庭の当たり前でもあった。

ここにもう一つ重要な事実がある。私の祖父母も両親も日本語ができない。それどころか、一族や親戚の中には日本人や日本在住者はおろか、日本語ができる人は一人もいなかった。子ども時代の私にとって、日本語に触れる機会は皆無に近かった。それが私と他の台湾籍日本語作家との決定的な違いである。

日本語という言語を選び、学習したのは家庭環境の影響ではなく、一〇〇パーセント自分の意思なのだ。

平成元年生まれの私が「平成」という言葉を知ったのは、日本語がある程度上達した十代後半のことだった。「昭和」という言葉はもっと早くから知っていた。小学校低学年の時、スタジオジブリのアニメ映画『火垂《ほた》るの墓』で知ったのだ。あれはVHSの時代で、日本のアニメも台湾では中国語の吹き替えが施されていた。だから私がそこで覚えたのは厳密には「昭和《しょうわ》」

という日本語ではなく、中国語読みの「昭和《ジャウハー》」だった。当然、どういう意味か全く見当がつかなかったけれど。

では、人生で最初に耳にした日本語の言葉は何だったのだろうか。記憶の糸を手繰ってみると、ある歌が幼児期健忘の薄闇から浮かび上がってきた。男の声が切々と、「サチコ」と連呼している。

サチコ　サチコ　お前の黒髪
オレはいまでも　お前の名前を
呼んだぜ　呼んだぜ　冷たい風に

日本のバンド、ニック・ニューサの演歌「サチコ」だ。一九八一年に発表され、大ヒットした曲らしい。八〇年代と言えば昭和演歌の全盛期で、酒、故郷、港町、悲恋、耐える女などをモチーフにした歌が大量に作られ人気を博した。そしてその影響が台湾にも波及し、台湾語歌詞のカバー曲が数多く作られ、台湾歌謡界の一大ジャンルとなった。「サチコ」が日本で発表されて十数年経った後、台湾のカラオケで誰かがそれを日本語で歌い、その場に居合わせた幼い私が耳にしたのだろう。

もっとも、当時の私は日本語が全くできず、五十音すら読めなかったから、歌詞の意味も何も分からない。ただ、哀切な旋律に乗って連呼された「サチコ」という意味不明の響きが面白いと思った。それは台湾語の「捒一《サッジ》箍《コー》＝一円を捨てる」と発音が似ているからだ。なんでお金を捨てんねん？　と内心ツッコミを入れていたかもしれない。

さすがに八九年生まれの私にとって、演歌は渋過ぎた。全く心を惹《ひ》かれなかった。日本文化の中で私の心を惹いたのは別のもの――アニメ、漫画、ゲームなのだ。

幼稚園時代から、テレビで流れる日本のアニメを何となく見ていた。当時流れていたアニメのタイトルはほとんど忘れており、唯一覚えているのは『美少女戦士セーラームーン』（中国語のタイトルは『美少女戰士』）だけ。とはいえ親が厳しく、ほとんどテレビを観させてくれなかったので、ごくたまにしか観られず、物語もよく分かっていなかった。

小学校に上がってから触れる作品が増えた。低学年の時は『名探偵コナン』『ドラえもん』が大好きだった。当時の教室の本棚は日本で言う学級文庫みたいな感じで、生徒がおのおの本を持ち寄り、誰でも自由に読むことができる仕組みになっていた。その中に『名探偵コナン』の漫画（最初の数巻分だったと思う）が入っていて、一読してすぐにハマった。あの頃、私の親はゲームセンターを経営していて、店には日本製のアーケードゲーム機がたくさん置いてあり、漫画も売っていた。私が学校でいい成績を取ると、親はご褒美として商品の漫画のフィルムを剝がして読ませてくれて、読み終わってからまたフィルムに包んで本棚に戻した。

当時はまだ著作権が緩かった時代で、世界的に大流行した『ドラえもん』は台湾では無数の海賊版が存在した。五〜十個くらいのエピソードを適当に集めた薄い合本が文具店の店先で売られていて、紙の質もよくないし印刷も劣悪なので値段が安く、一冊十〜二十元（一元≒三円）くらい。おかげでなけなしのお小遣いでも買えた。下校の途中で文具店を訪れるのはいつも楽しみだった。ちなみに、海賊版が乱立していた時代の『ドラえもん』の中国語タイトルは『小叮噹《シャウディンダン》』で、後に音訳重視で『哆啦A夢《ドゥオラーエーモン》』と改められた。

小二のある日、コンビニで売られる新聞の一面の、とある記事の見出しに私は目を惹かれた。その記事の見出しには「口袋怪獣」という四文字が含まれていた。当時私は既にある程度字が読めていたので、「怪獣」というファンタジックな言葉に注意が向いたのだ。「口袋怪獣のパワーは実にスゴイ！　日本中の子どもを襲撃！」みたいなノリの見出しだったと記憶している（台湾の新聞記事の見出しは何かと扇情的だ）。何だろうと思って本文を読むと、どうやらアニメのせいで日本ではたくさんの子どもが病院送りになったらしい。

「口袋」とは「ポケット」のことで、「怪獣」は当然「モンスター」だ。この記事はつまり、一九九七年十二月十六日に起きた「ポケモンショック」を報じるものだったのだ。当時日本で放送された『ポケットモンスター』第三十八話「でんのうせんしポリゴン」では激しい光の点滅が多用されたため、子どもたちは光過敏性発作を起こし、身体に不調を来たした。あの時『ポケットモンスター』は台湾ではまだ放送されていなかったので、記事を読んだ私は「へー、すごいアニメだなー。怖いから見ないでおこう」くらいの感想しか抱かなかったと思う。

しかし果たして、『ポケットモンスター』が『神奇寶貝』というタイトルで台湾でも放送が始まると、私はすぐにハマってしまった。これが日本の子どもたちを病院送りにしたあのアニメだとも気づかずに。

それもそのはず、「神奇寶貝」と「口袋怪獣」では、語感がまるで違う。恐らく「ポケモンショック」の時、台湾ではまだ正式な訳名が存在していなかったので、新聞記者は「ポケットモンスター」を「口袋怪獣」と直訳したのだろう。ところが台湾での放送開始にあたり、より子どもにとって親しみやすいタイトルが必要ということで、「神奇寶貝」というタイトルがつけられた。「神奇」とは「不思議な」の意味で、「寶貝」とは「宝物、ベイビー、可愛い子」という意味なので、なるほど確かに子ども向けアニメに相応《ふさわ》しいタイトルと言える。[*2]『神奇寶貝』が台湾でも大流行したためだろう、『デジタルモンスター』が台湾に輸入された時もその訳し方を踏襲し、『數碼寶貝』というタイトルになった。

ところで、私が最初に観た『ポケットモンスター』のアニメは第三十一話「ディグダがいっぱい！」だった。「ポケモンショック」の第三十八話まで数週間しかない。日本であれだけの社会問題になったのだから、第三十八話「でんのうせんしポリゴン」は当然台湾では放送されなかった。しかし、台湾のテレビ局は実に仕事が雑で、第三十七話の「次回予告」コーナーでは、映像は第三十八話のままなのに音声だけが第三十九話「ピカチュウのもり」のものになっていた。次週に見《まみ》えるのはポリゴンなのか大量発生したピカチュウなのか、観ているこちらはちんぷんかんぷんで、何が起こったか分からなかった。

「サチコ」は私が人生で最初に耳にした日本語で、『ポケモン』は子ども時代に一番ハマった日本のアニメだ。中学の時、日本語を独学し始めた私はようやく「サチコ」が人名であること、そして「神奇寶貝＝口袋怪獣＝ポケットモンスター」ということに気づいた。小二の時に何気なく目にした「ポケモンショック」の記事と、第三十七話のめちゃくちゃな次回予告との関連性もそこで分かった。子ども時代の謎が一つ解け、目から鱗《うろこ》の気分だった。これもまた日本語を勉強したおかげだ。

＊1　台湾の根深い問題の一つとして、「省籍矛盾」がある。とりわけ「本省人」と「外省人」との間の軋轢《あつれき》が深刻だ。本省人とは日本統治時代以前に既に中国から（主に福建省から）台湾に移住してきていた人たちとその子孫のことで、外省人とは日本統治時代終了後に移住してきた人たちとその子孫のことである。内戦で中国共産党に負け、一九四九年に台湾に逃れた国民党政権とともに流入した人たちもまた「外省人」と呼ばれる。外省人は台湾ではマイノリティだが、政府の要職を占めるなど利権を独占していたため、多くの問題が生じた。私は本省人の家系の生まれである。ちなみに、一部の日本人の間では「本省人は日本統治時代に日本から恩恵を受けたため親日的であり、外省人はほんとは中国人だから反日的だ」みたいな俗説が流れているが、当然ながらそれは極めて浅薄かつ乱暴な愚論である。

＊2　ちなみに、同じ中国語圏でも台湾以外の地域では違う訳名が使われていた。例えば香港

では「寵物小精靈（ペットの小さな精霊）」と訳されていて、シンガポールでは「袋魔（袋の魔）」と呼ばれていた。任天堂のポリシーによって中国語圏での訳名が「精靈寶可夢」に統一されたのは二〇一六年のことで、更に一九年には音訳重視の「寶可夢《バウカーモン》」と変更された。「神奇寶貝」という名前に慣れている私にとっては今昔の感だ。

小さい魚は催眠術をかける

子ども時代はポケモンにハマっていたというのは前章で書いた通りだが、アニメだけでなく、ゲームにもまた忠実なファンで、初代の『ポケットモンスター　赤』からやっていた。

中国語の吹き替えと字幕がついているアニメとは違い、ゲームはかなり難儀した。何しろキャラクターやポケモンの名前から、地名、技名、会話、アイテム名など、すべて日本語なのだ。日本語といっても漢字があれば何とか意味を推測できるが、ゲームボーイなので平仮名と片仮名ばかりだ。そんな五里霧中の状況でも無我夢中になり、何とかストーリーを進めて、四天王を倒し、一五〇匹のポケモンをゲットし図鑑を完成させたのだから、実に根気強かったなあと我ながら思う。

ゲームを始めると、発音も意味も分からない仮名文字という謎の記号の密林に迷い込む。文字の形が唯一の手掛かりだ。「キズぐすり」という形のものはHPを回復する重要アイテムなので、これは覚えておこう。「キズ」という直線的な二文字と「ぐすり」という曲線的な三文字との組み合わせが特徴だ（当時の私はまだ平仮名と片仮名の違いを知らなかったが、直線的な文字と曲線的な文字があることに何となく気づいていた）。「いいキズぐすり」「すごいキズぐすり」はその上位互換で、名前が長ければ長いほど効果が高い。「かけら」という形のつく七文字のアイテム（げんきのかけら）を使うと復活できる。「ゃ」という何だか火が燃えているような形の小さな文字がついているアイテム（じてんしゃ）を使うと素早く移動できる。同じ文字がついている技名（かえんほうしゃ）は火を噴く攻撃を繰り出すことができて強い。

当時好きな戦術があった。「ゴ」という四角い文字で始まる四文字の幽霊タイプのポケモンでレベルを上げていくと、小さい魚みたいな文字が入っている技を覚える。それは敵を眠らせて戦闘不能にできる。敵を眠らせてから大きい魚が入っている技を使うと、その血を吸うことができる。小さい魚と大きい魚の最強コンボで、ほとんどの敵を倒すことができた。

今なら分かる。その四文字の幽霊タイプのポケモンは「ゴースト」で、小さい魚は「ゅ」、大きい魚は「ゆ」、それらを含む技名はそれぞれ「さいみんじゅつ」と「ゆめくい」だ。しかし仮名文字が読めなかった当時の私は、形から連想して覚えるしかなかった。小さい魚は催眠術をかける、大きい魚は血を吸う、という具合に（ちなみに偶然にも、魚は中国語では「ゆー」と言うのだ）。

今にして思えば、それは日本語だからこそできる連想でもあった。日本語の仮名文字は漢字に由来しているので、形も漢字と同じく四角いし、一文字一文字の区切りがはっきりしている。

これが例えばタイ語（สวัสดีค่ะ）やアラビア語（السلام عليكم）みたいに、一見して区切りがはっきりしない文字だったら、さっぱりわけが分からず諦めていただろう。また、平仮名も片仮名も実に形が豊かで、美しく、想像力を働かせやすい。これがもし韓国語（안녕하세요）みたいに、もっぱら丸と直線のみで構成される機能的な文字だったら、魚といった連想はできなかったはずだ。

このように、文字の形の美しさが日本語への第一印象であり、興味を惹《ひ》かれるきっかけでもあった。昔のプリングルズの容器には多言語による食品表示が印刷されており、中国語と英語はもちろん、日本語、韓国語、タイ語などの言語もあった。何も読めない状態でそれらの字面を何となく眺めた時に、やはりタイ語のごにょごにょした文字や、韓国語のどこか無機的な感じを帯びる文字より、日本語のバラエティー豊かな字面が目を惹いた。仮名文字は読めないので漢字で意味を推測するしかないが、その推測は時としてかなり的外れなものだった。例えば「召し上がる」という言葉を見かけた時は「上へ召喚する」という意味かなと思った。確かにプリングルズを食べる時は筒状の容器の中からポテトチップスを上へ順次取り出す必要があるのだが、それを日本語では「召喚」と言うのかと面白がった。

あの時の私にとって、日本語はある種の暗号みたいな、神秘性に満ちた不思議な言語のように感じられた。仮名文字は全く読めない。漢字は読めるが、その使い方も何となく中国語とずれている。ところどころ中国語から見れば古めかしい語彙《ごい》や、見たことのない語彙、そしてそもそも中国語では使わない漢字も紛れ込んでいる。

日本語の読者の皆さんのために、当時の感覚を何とか再現してみよう。あの時の私には、日本語の文章はこんなふうに見えていた。

數千年前、川み運みか土ら活用ぽ埃及人れ農耕こ灌漑ば做も、文明ば發展じよ、らけほ王國ば築み、金字塔られ建設ばた。數千年間、摩西こ他民た出びらこ、阿拉伯人あ羅馬人、英國人こらってびぱ。

このように、漢字から何となく意味は推測できるが、正体不明な記号が間にたくさん入っているので一〇〇パーセントは摑《つか》み取れない。それはもどかしくもあり、不思議な感覚でもあった。

ところで、低学年の時から『名探偵コナン』を読んでいたのも前章で書いた通りだが、『名探偵コナン』は中国語では「名偵探柯南《ミンジエンタンカーナン》」という。日本語では「探偵」だが、中国語では「偵探《ジエンタン》」であり、ちょうどあべこべになっているのだ。他の例に、「段階」「制限」「紹介」「言語」などがある。中国語では「階段《ジエードゥアン》」「限制《シエンジー》」「介紹《ジエーシャウ》」「語言《ユーイエン》」だ。このような「ちょっとずれているところ」もまた、不思議だった。

『名探偵コナン』シリーズ最初の劇場版アニメ『時計じかけの摩天楼』はコミックで読んだ。吹き出しに入っている台詞《せりふ》は中国語に訳されていたが、絵までは修正できないので日本語のままだった。読んでいると、あるコマの描写が気になった。たしか会議のシーンで、壁にかけてあるホワイトボードには何故か天体と陰陽五行の名称を表す文字（月・火・水・木・金・土・日）が書いてあったのだ。一体何の意味だろうと首を傾《かし》げた。

後で（中国語の）国語辞書で「七曜」や「火曜日」などの単語を引くと、それは曜日を表す言葉だと分かったが、それにしても不思議だった。中国語では曜日は「星期一《シンチーイー》、二《アー》、三《サン》、四《スー》、五《ウー》、六《リョー》」というふうに、数字で表されているからだ。「曜」とは「かがやく」の意味なので、なるほど日本では曜日ごとに輝く星が決まっていて、星期一は「月が輝く日」で、星期二は「火星が輝く日」、星期三は「水星が輝く日」なんだと思った。曜日が無機的な数字で表される自分の日常と比べ、漫画の中で描かれている国のほうがよほど神話的で、神秘的で、素敵な感じがした。

「ちょっとずれている」感覚と言えば、色を表す言葉もそうだった。初代ポケモンのゲームは「赤・青・緑」とタイトルに色の名前がついていたが、これらの色を表す言葉は中国語では「紅《ホン》・藍《ラン》・綠《リュー》」が最も一般的で口語的である。例えば「赤信号」「青信号」は中国語では「紅《ホン》燈《デン》」「綠燈《リューデン》」という。「赤」や「青」という漢字は中国語にもちろんあるが、やや文語的なニュアンスがして、例えば「面紅耳赤（赤面する）」「近朱者赤（朱に交われば赤くなる）」「丹青

（絵具や歴史書の意）」「青青子衿（青い服を着た学生の意、『詩経《しきょう》』の言葉）」といった熟語や、「赤壁」「赤兎馬」「青蓮居士（李白《りはく》の号）」といった古代の固有名詞に登場することが多い。そんな古めかしい雰囲気の漢字がゲームのパッケージに印刷されているのを見ると、やはりある種の神秘性を感じた。

人称にしてもそうだ。全く日本語ができず、読み方も分からない状態でも、「私」「俺」「君」「彼」といった漢字を見ると意味は分かるのだが、それにしても古めかしい。「私《スー》」は中国語では一人称として使わないが、「公《ゴン》」とは対照的な概念なので「自分自身」を指す言葉であると何となく推察できる。「俺《アン》」は山東方言の一人称だ。「君《ジュン》」や「彼《ビー》」については、例えば李白の有名な詩「君不見《きみみずや》、黄河《こうが》之水天上来《のみずてんじょうよりきたるを》、奔流到海不復回《ほんりゅううみにいたりてまたかえらず》」のように、中国語では古文にしか出てこないような人称代名詞である。

中国語に存在しない漢字の言葉もたくさんあった。「名前」「物語」「言葉」などである。意味は何となく推測できるが、それにしても「名《ミン》」と「前《チエン》」がどう関係しているのかが分からない。何故「前」なのか。「後」じゃ駄目なのか。「神の前で誓う」みたいに「名に懸けて誓う」という意味合いがあるから「前」なのだろうか、それほど日本では「名前」というのは重みのある大事なものなのか、などと想像した。「物語《ウーユー》」の字面を見ると、「物が語る」、つまり「万物が囁《ささや》いている」という深遠なイメージが呼び起こされるし、「言葉《イエンイエー》」に関しては「言語を葉っぱに喩《たと》えていて素敵だ」という感想を抱いた。日本語ができなかった当時の私から見れば、これらの言葉はどれもが詩的で、不思議で、異国情緒に満ちていた。それ故に、まだ仮名文字が一つも読めないにもかかわらず、日本語という言語には既にぼんやりとした親しみと憧れを覚えていた。

漢字という四千年の歴史を持ち、東アジアで広く使われていた文字が、私と日本語を繋《つな》いでくれたのだ。


日本語をすっかりものにしてしまった今となっては、日本語の文章はもう暗号には見えない。「赤」や「青」は文語でも何でもないただの日常語になったし、火曜日や水曜日を口にする時にいちいち天体や陰陽五行を想起したりしない。「探偵」「段階」「制限」「紹介」「言語」など中国語とはあべこべの言葉も何の違和感もなく使っている。「召し上がる」は召喚とは無関係だし、「や」や「ゆ」は火や魚ではなく、意味を持たないただの表音文字であることも分かっている。

それが成長というものだろう。様々な経験をし、様々な知識を身につけることで私たちは大人になっていく。より俯瞰《ふかん》的で、大局的な視点で世界を眺めることができるようになる。それはとても素敵なことだし、日本語をマスターしたことを後悔することは決してない。

それでも私は時々、子供時代に見えていた世界を懐かしく思い出す。あの世界では曜日ごとに輝く星が異なり、物語の中では万物が囁き、小さい魚が催眠術をかけるのだ。

私だけのオアシス

物心ついた時から日本のアニメや漫画、ゲームが身近にあったとはいえ、日本語を勉強してみようという発想は特になかった。それは考えれば当たり前のことで、中華料理が好きな人なら誰でも中国語に興味を抱くわけではないし、オペラを嗜《たしな》む人はみなイタリア語を身につけたいと思うわけでもない。第一、観ていたのは日本のアニメだけではなかった。ディズニーの『ガーゴイルズ』や、カートゥーンネットワークの『デクスターズラボ』、MGMの『トムとジェリー』も好んで観ていた。子供時代の私にとって日本もアメリカもテレビの中にしか存在しない幻想の世界であり、日本語もまたアニメやゲームの中でしか使われないファンタジックな言語だった。

本気で日本語を学び始めたのは中学二年生の時だった。きっかけは特にない。ある日突然、日本語やってみたいかも、と脈絡もなく思ったのだ。そう、単なる気紛《きまぐ》れである。

後になって、私は様々な日本語学習者に会った。教師として日本語を教えたこともあった。多くの学習者は明確な動機と目的意識を持って日本語に取り組んでいた。日本に留学したい人や日系企業に就職したい人、アニメを日本語で観たい人。中にはたまたま日本語学科に入ったから仕方なくやっている人（つまり単位の確保と卒業が目的）もいた。

私はそうではない。日本語は必修科目でもなければ、高校入試でも役に立たない。留学や就職など遠い未来のことなんて当然考えもしなかった。

一般的に、明確な学習目的があった方が、到達目標も学習方法も定まりやすい。留学が目的であればレポートや学術論文の書き方を身につけた方がいいだろうし、就職したいのならビジネスシーンでのコミュニケーションに慣れておくに越したことはない。ただ日本語能力試験に合格したいだけなら、過去問を大量にこなして傾向を摑《つか》んでおくのが定石だ。目標が分かれば自《おの》ずと適切な教材や時間配分が決まり、効率的な学習計画が立てられる。

私はなんら目的意識も持っていなかったし、到達目標も学習計画も立てなかった。しかし結果的に、それでよかったと思う。

目的地がないからこそ、たくさん回り道をして道中の風景を楽しむことができた。到達目標を設定しなかったからこそ、いつまでも現状に満足せず、誰よりも高みを目指そうと思えた。決まった教材がないからこそ、何でも教材になり得た。明確な目的意識を持って語学に取り組む人にとって、「言語は道具に過ぎない」という常套句《じょうとうく》はしっくり来るだろう。この人たちにとって、日本語は目的（留学、就職、資格取得など）を達成するための手段と道具にしか思えないのかもしれない。

私は違う。私にとって日本語は道具ではなく、目的そのものなのだ。

当時、私は台湾の田舎の公立中学校に通っていた。あの中学校は極めて閉鎖的な環境だった。進学至上主義が横行し、スパルタ教育が施され、体罰や恫喝《どうかつ》が日常的に行われていた。名門高校に進学する人数を増やすために、学校側はとことん非人道的な方法を採用していた。一年生のうちから朝七時登校、午後五時半下校、二年生からは土曜も授業があり、三年生にもなると日曜も学校に行かされ、平日の夜も学校に残って自習しなければならない。模擬試験から定期考査や小テストなど、ほぼ毎日何かしら試験があり、多い時は週に五十回も点数をつけられる。それらの点数は毎週集計され、最上位から最下位まできっちり順位をつけられ、成績表に記載される。受験に役に立たないとされる科目（音楽、美術、家庭、学活など）はほとんど行われず、その時間は国語や英語、数学、理科に充てられた。

そんな高圧的な環境に置かれた私は逃げ道を渇望していたに違いない。テストで順位が下がったり点数を落としたり、掌を叩《たた》かれたりする恐怖（痛いのが怖いというより、みんなの前で叩かれるのが屈辱的だった）に怯《おび》える日々の中で、日本語は私だけのオアシスだった。私だけが存在を許される世界だった。平仮名と片仮名を書いている時は、自分にしか分からない、誰にもばれることのない暗号を綴《つづ》っているような気持ちになった。

実際、日本語ができる人は周りに誰もいなかった。それどころか、田舎なので日本語学校はなく、日本語教師もいなかった。日本語を勉強するには独学しかない。お金はあまりない（親はお小遣いを滅多にくれなかった）ので本を買うのももったいない。幸い、既にインターネットはあった。検索すると「五十音表」なるものが見つかったので、それをWordで形を整えてプリントアウトした。

そして、はたと戸惑った。「五十音」というのに、何やら五十個じゃないらしい。数えたら、四十六個しかない。何故か括弧つきになっている「ゐ／ヰ」と「ゑ／ヱ」を勘定に入れても、四十八個。とはいえ、「ヴぁ」行まで足すと五十二になり、逆に多過ぎる。濁音や半濁音を入れるとなおさら収拾がつかない。どうしたって五十にはならない。ひょっとしたら何か抜けているのではないだろうか。実際、五十音表の下の方はところどころ空欄になっている箇所がある。「わ行」の「う段」や、「や行」の「い段」が空欄なのは分かる。「wu」と「yi」は、発音は「u」と「i」と同じだからだろう。しかし「ye」と「e」は音が違うから、「や行」の「え段」は文字が入ってもいいはずだ。覚えるなら全て網羅したい。完璧主義の性分なのでそう考えずにはいられなかった。当然ながら、いくら検索しても出てこなかった。

数の問題はいいとして、とりあえずあるものから覚えることにした。曲線が多く形も複雑で書きづらそうな平仮名より、直線的な片仮名の方が覚えやすそうなのでこちらから取り掛かった。そしてすぐにとあることに気づいた——ポケモンの名前は、すべて片仮名なのだ。

　試しに、有名なポケモンの名前を五十音表を対照しながら発音してみた。「ピ」は「pi」、「カ」は「ka」、「チ」は「chi」、「ユ」は「yu」、「ウ」は「u」——pi、ka、chi、yu、u、繋げて読むと「ピカチュウ」、中国語の名前「皮卡丘《ピーカーチョウ》」と発音がそっくりだ。それまで意味も読みも分からず、暗号にしか見えなかった異国の文字が初めて具体的な響きと結びついたことに、私は感動を覚えた。次に、「サ→sa」、「ン→n」、「ダ→da」、「ー→長音」——「sanda-」、これは英語の「thunder」、雷という意味だ！　同じように、「ファイヤー」は「fire」、「フリーザー」は「freezer」、「ミュウツー」は「mewtwo」、「カイリュー」は「快龍《クアイロン》」——このように、中国語や英語を手がかりに、ポケモンの名前と結び付ける形で片仮名を覚えていった。先生がおらず一人で見よう見まねで練習していたので、「ン」と「ソ」、「シ」と「ツ」の違いが分からず苦労した記憶がある。


　仮名文字をいくつか覚えていくうちに、また新たな発見があった——どうやら同じ文字であれば、どこで現れても発音は同じらしい。

　これは決して当たり前のことではない。英語を考えてみるといい。同じ「o」でも「note /nóut/」と「dot /dát/」は発音が違うし、「ice /áis/」と「pig /píg/」の「i」も異なる。単語の語尾が「e」の場合、直前の母音はアルファベットのまま発音する（例えば「i」は/ái/）という法則があるかと思えば、「Jesus Christ」の「Christ」は「e」がないのに/krist/ではなく/kráist/と読む。更に、「h-」の発音は「sh-」「ch-」「th-」「gh-」「rh-」とは違うし、「k-」の発音も単独の時と「sk-」の時とは違う。「gh」は「ghost」の時は/góust/と読むのに「laugh」の時は/læf/になり、「slaughter」に至ってはそれこそ幽霊《ゴースト》みたいにすっと消えて発音されなくなる。英語を勉強したことがある人なら、発音の例外の多さに一度は挫折したのではないだろうか。一つの英単語に出合ったとき発音記号を見なければ、その単語を正しく発音できないことが多い。

　中国語でも同じようなことがある。現代中国語ではほとんどの漢字は読みが一種類しかないが、例外もある。「數（数）」という漢字は名詞として使う時（人數、數量）は声調が第四声の「shù」と読むが、「數人頭（人数を数える）」のように動詞として使う場合は第三声の「shǔ」になる。したがって「數數（数を数える）」という語では、一つ目の「數」は動詞で二つ目の「數」は名詞だから、「shǔ shù」になる。副詞の用法もあり、「何度も、頻繁に」という意味だが、この場合は「shù」でも「shǔ」でもなく「shuò」になる。ほかにも、「解」は普通「jiě」と読むが、名字として使う時は「xiè」になる。「龜（亀）」は普通「guī」と読むが、「龜茲（亀《き》茲《じ》、かつて中央アジアに存在した都市国家）」のような固有名詞では「qiū」になる。

　日本語の仮名文字は例外がほとんどない。学習者にとってそれは大きな朗報である。それはつまり、五十音さえ覚えれば、たとえ意味が分からなくても、（漢字はルビが必要だが）どんな歌も歌えるし、どんな文章も（多少聞き苦しくとも）音読できるということだ。

もう一つ朗報がある。中国語や英語と比べ、日本語の発音は実に単純だ。母音の数は「あ、い、う、え、お」の、僅か五つしかない。英語のように/i/と/iː/と/ɪ/といった紛らわしい音や、/ʌ/、/ə/、/ɔ/といった捉えどころのない中途半端な音もない。加えて、日本語のほとんどの音は「子音＋母音」の組み合わせだ。「こ」は「k+o」、「と」は「t+o」という具合に。英語みたいに舌が絡まりそうな二重子音や三重子音（bring、spring、strength、strict）もない。英語の歌を歌う時は往々にして音節と音節の切れ目が分からず、メロディに歌詞を当てはめる作業に苦労するが、日本語の場合はそんな悩みもなく、歌詞が手元にあって、メロディさえ記憶していれば割とどんな歌でも歌えてしまう。

片仮名をある程度覚えたら、今度は平仮名に取り掛かる。平仮名はインターネットから好きなアニメソングの動画をダウンロードし、歌いながら覚えた。

当時はまだWindows XPの時代で、パソコンは今みたいに多言語対応ではなく、中国語版のオペレーション・システムのユーザーは日本語のウェブサイトを閲覧することができなかった（文字化けか欠字になる）。日本語のサイトを閲覧するためには、「Unicode 補完計画」というソフトをインストールする必要があった。

閲覧はできるようになったものの、文字を入力することができない。そこで「桜花入力システム」という入力システムをインストールした。これは台湾人が作った日本語の入力システムで、外字を作成する要領で平仮名と片仮名をパソコンに追加し、キーボードから入力できるようにするものだ。入力できるようになったはいいが、効率が悪い。桜花入力システムは今のMicrosoft IMEほど便利なものではなく、入力する文字を一文字ずつ選択しなければならない。そして漢字変換機能もない。

例えば「五つ数えれば三日月が」という文字列を入力しようとする時は、まず中国語の入力システムで漢字「五數三日月（日本語の漢字に変換できないので全て繁体字《はんたいじ》になる）」を入力しておく。そして「桜花」に切り替え、「t+s+u」と打って、スペースキーを押し、出てきた「つ／っ／ツ／ッ」の選択肢の中から「つ」を選ぶ。そして「e」と打って、スペースキーを押し、「え／エ」から「え」を選ぶ——という具合に、日本語を入力するのは大変面倒くさい作業だった。

平仮名を覚えるために、私はアニメソングの動画の下に表示される日本語の歌詞を見て、それを一文字一文字、五十音表を参照しながらWordに入力していった。仮名を覚えるのが目的なので全部仮名打ちにし、漢字があるところはその下の行に漢字を付記する。そして三行目にローマ字表記も添える。全部入力し終わったらそれをプリントアウトし、何度も繰り返し歌った。

日本語の曲を歌うのがすぐに癖になった。仮名文字の響きをメロディに乗せて歌う行為は、得も言われぬ快感と満足感をもたらした。一音一音が一つの漢字に結び付き、何らかの具体的な意味を表している中国語の音の重さとは異なり、日本語の音は実に軽やかで、ぴょこぴょこ跳ねているように感じられた。歌っている時は甘酸っぱい飴玉《あめだま》を舌の上で転がしているようでとても心地よく、ちょっとした舌の運動になった。まだ単語や文法の知識がなく、文節や文の区切りも分からず、アクセントやイントネーションのつけ方も習得していなかったので文章を正しく音読するのは難しいが、歌の場合、そんなことは考えなくてもよかった。五十音さえ発音できれば、メロディに乗せるとそれなりに様になった。何より、かつてはアニメの中でしか耳にできなかったファンタジックな言語を、自分が確かに操っているという手応え、それは苦《く》悶《もん》に満ちた現実とは異なる、夢の世界への扉のように感じられた。日本語の歌を口ずさむと、無味乾燥な数式や地理学用語、そして教鞭《きょうべん》を振り回している教師から一時的に離れ、色鮮やかな異世界へ逃げ込むことができる。その世界には魔法があり、青空にかかる虹があり、胸が躍る冒険の旅があり、煌《きら》めく都会のネオンの群れがあり、雄大な自然があった。何曲も学習用の歌詞を作り、繰り返し歌っているうちに、五十音はごく自然と頭に入った。

多くの日本語学習者にとって、五十音は最初に立ちはだかる難関だろう。もちろん五十音を身につけたところでそれは入門に過ぎず、その後も動詞の活用や敬語など、待ち受けている難関はいくらでもある。しかし五十音を覚えなければ何も始まらない。そして、どうしても五十音を覚えられず、初っ端《しょっぱな》から挫《くじ》けてしまう学習者も数多く見てきた。それもそのはず、新しい文字を百個近くも覚えなければならないのだから、決して簡単なことではない。「れ／わ／ね」「め／ぬ」「る／ろ」「あ／お」など、紛らわしい文字もいくつかある。「ふ」は「ふ」というふうに真ん中を繋げて書くのが正しいか、それとも「ふ」のように二つの点に分けるのが正しいか。「そ」は「そ」と書くべきか、それとも「そ」と書くべきか——日本語母語話者なら「どちらでもいい」と即答するような事柄でも、学習者にとっては困惑の種だ。

私の場合、好きなアニメソングを歌いながら覚えたので、時間はだいぶかかったものの（五十音を覚えるだけで数か月）、大して苦痛もなくこの最初の関門を潜《くぐ》り抜けた。当時手入力で作成した学習用の歌詞を改めて読んでみると、もちろん間違いも多かった。平仮名の「り」と片仮名の「リ」を間違えたり（「り」はフォントによっては本当に「リ」に似ているから）、濁音と半濁音を混同したり（動画の画質が粗く、歌詞のルビがよく見えなかったから）する箇所がいくつもあった。しかしあの時、私は本当に心から楽しんでいた。

学校や職場での必要性に迫られ無理やり日本語をやらされ、「二週間以内に五十音を暗記」「一年以内にN４合格」といった目標に追われて四苦八苦している学習者を見ると、いつも可哀想だと思う。そんなやり方では、語学は単なるコースの決まった、時間制限付きの短距離走に過ぎない。スタートラインからゴールまでが一直線で、実に味気ない。言葉の美しさを味わう余裕もなければ、語学の楽しさを堪能《たんのう》する気持ちにもなれないだろう。私の場合、効率性を度外視していたからこそ、日本語という壮大な野原を物見遊山気分で散策することができた。

「好きこそものの上手なれ」という諺《ことわざ》があるが、まさしく至言である。

中学二年生の時に、私は二つのことを始めた。日本語を勉強し始めたのと、小説（の習作のようなもの）を書き始めたのだ。どちらも私のその後の人生に大きな影響を与えた。「日本語やってみよう」「小説書いてみよう」というあの時の気紛れがなければ、今の私は全く別の人生を歩んでいたのかもしれない。

中学二年生の頃、思春期に入るのに伴って自意識が覚醒し、表現欲を持て余し、現実世界への不満が溜まって「ここではないどこか」へ逃げることを夢想する一連の症候を「中二病」と呼ぶらしいが、思えばあの時の私はまさしく中二病の真っ只中《ま ただなか》だった。日本語も小説も私だけのオアシスで、乾き切った現実から私を「ここではないどこか」へ導いてくれる道標《みちしるべ》だった。

そして振り返ってみると、あの道標に従って歩み出した私は、本当に遠く遠くへ来てしまったのだ。

日本語って難しいでしょ？

「日本語って難しいでしょ？」

日本語母語話者から幾度となく訊《き》かれた質問である。何回訊かれても返答に困る質問でもある。

私は性格が悪いから、この手の質問にはどうしても「難しい日本語をよく習得したね、褒めてやる」という上から目線の賞賛と、「難しい言語を母語として使いこなしている自分スゴイ」という根拠のない誇りを感じ取ってしまう。というのもあるが、そもそも日本語という言語は客観的に見て難しいと言えるかどうか分からないから、返答のしようがないのだ。

日本語は難しい言語だろうか？　そもそも言語の難しさを測る基準は何だろうか？

「難しい言語」といえば、こんなネタがある。「皆目見当がつかない、さっぱり分からない、ちんぷんかんぷんだ」と言いたい時に、英語では「It's all Greek to me.（これは私にとってギリシャ語だ）」という言い回しをするのだが、つまり英語にとってギリシャ語は「理解不能な難しい言語」ということになる。似た表現は他の言語にもあって、例えばノルウェー語、スペイン語、ポルトガル語にとってやはりギリシャ語が難解である。ルーマニア語にとってトルコ語が、トルコ語にとってフランス語が、フランス語にとって中国語が難解である。中国語を難解だと思っている言語は他にたくさんある——ギリシャ語、アラビア語、ヘブライ語、ハンガリー語、ロシア語、ポーランド語、ウクライナ語、オランダ語、などなど。では、多くの言語にとって難解なものの代表格とされている中国語にとって何が難解なのかというと、「天書(天から授かった書物)」しかないのだ(中国語には「これは天書みたいだ」という言い回しがある)。したがって、人間界で一番難しい言語は中国語である。

もちろん、これはネタに過ぎない。言語の難しさについて考える時に、もっと客観的な基準があってもいいはずだ。例えば発音面では、子音と母音の数、音節構造の複雑度、音節の種類の数などが挙げられるだろう。語彙《ごい》面では、単語の数とカバー率、名詞の性差の有無は参考になる。文法面では、活用の有無とその複雑さ、時制や相《そう》の表現の仕方などがすぐ思い浮かぶ。表記面では、覚えなければならない文字の数が大事だ。

しかし、これらの指標について考えると、結局どの言語にも易しい側面があり、難しい側面がある、という結論になるだろう。例えば日本語は発音が比較的単純で、(数え方にもよるが)子音は約十五種類、母音は五種類、音節構造はほとんど「子音+母音」の開音節で、音節(厳密には「モーラ」だが)の種類は約一一〇くらいしかない。それに比べて中国語は複雑だ。中国語では子音は約二十種類、母音は約十種類、音節構造は「頭子音《とうしいん》＋介音《かいおん》＋主母音＋韻尾《いんび》」で、これに声調が加わる。声調があるので音節の種類は千を超え、日本語を遥かに上回る。

一方、日本語は単語の数が多く、『広辞苑　第七版』では約二十五万項目が収録されている。対して中国語の場合、台湾の教育部（文科省相当）が編集した国語辞典の収録語数は約十七万である。カバー率も日本語の方が低く、頻出度上位五千語でのカバー率は約八〇パーセントである。これは日本語の文章に頻出する上位五千語を習得しても、約八割の語彙しか理解できないということを意味している。それに対し、中国語は上位五千語を習得したら約九割理解できるらしい。単語のカバー率が低い言語はその分、覚えなければならない単語の数が多いというわけだ。

表記面、つまり文字にも目を向けてみよう。日本語を使いこなすために覚えなければならない文字はいくつだろうか。平仮名約五十個、片仮名約五十個、これらに加えてたくさんの漢字——常用漢字は二一三六個——があるから、とりあえず二二〇〇個くらいで手を打とう。これは決して少なくない。何しろ、英語のアルファベットは僅か二十六個、大文字と小文字を合わせて五十二個しかないのだから。しかし言わずもがな、中国語の方が遥かに多い。台湾の場合、小学校を卒業した段階でも既に漢字を四千字は覚えている。前出の教育部国語辞典では約一万一千字が収録されており、有名な『康熙字典《こうき》』に至っては約五万だ。冒頭で紹介したネタで、難解なものの喩《たと》えとして中国語が色々な言語で使われているのは、やはり漢字があるからだと思われる。

ネットで検索すると、「習得が難しい言語ランキング」みたいな俗説がたくさんヒットする。そしてほとんどのランキングにおいて、日本語と中国語は上位に食い込んでくる。多くの日本語母語話者が「日本語は難しい言語だ」と思っているのはこのせいなのだろう。しかし注意しなければならないのは、この手のランキングはほとんど欧米人、もっと言うと英語話者目線で作成された主観的なもので、客観的な基準にはなり得ないということだ。英語母語話者にとってフランス語の習得は簡単かもしれないが、日本語母語話者にとっては必ずしもそうではないだろう。

つまり、言語の難しさを測る絶対的な基準などなく、あるのは相対的な難しさだけだ。母語と学習したい目標言語が似ていれば似ているほど、当然アドバンテージが大きくなる。

したがって、こんなこともよく訊かれる。

「中国語は日本語と結構違うでしょ? だって中国語は語順がSVO(主語－動詞－目的語)で、日本語はSOV(主語－目的語－動詞)だから、中国語はむしろ英語に近いんじゃない?」

確かに中国語は日本語とかなり違う言語である。そして中国語と英語の基本語順がSVOで、日本語がSOVなのもその通りだ。しかしそれだけを以《もっ》て「中国語は日本語より英語に近い」と言うのは短絡的だ。言語同士の文法的近似度を測る基準は何も語順だけではないし、語順に限って言っても、ＳＶＯかＳＯＶかがすべてではないのだ。

例えば名詞と、その名詞を修飾する関係節との語順も言語によって異なるが、この場合、中国語はむしろ日本語に近い。手前味噌《みそ》で恐縮だが、自著『独り舞』の文章を例に挙げよう。中国語は私自身による訳で、英語はアーサー・レイジ・モリス氏による訳だ。

（日本語）

道端に咲いている① 白い② 花③を目にした時にさえ、丹辰《ダンチェン》の甘い香りがする。

（中国語）

就連偶然入眼的綻放於路旁的① 白色② 小花③，都使她彷彿聞到丹辰的甜美幽香。

（英語）

Even when she was awake and outside, the white② flowers③ that bloomed at the end of the road① had the same sweet scent as Danchen.

日本語も中国語も英語も、形容詞は名詞の前に来るから、どれも「②白い」は「③花」の前に来る。しかし動詞を含む関係節「①道端に咲いている」は日本語と中国語では前置修飾だが、英語では後置修飾になることが分かる。また、「道端＝道の端っこ」という言葉は中国語（路旁）でも同じ語順だが、英語だと「the end of the road」というふうに、順番を逆にしなければならないのだ。

疑問文の作り方についても、中国語は日本語に近い。疑問文には「はい／いいえ」で答えられる疑問文と答えられない疑問文があるが、次の例文は前者である（内容的には簡単に答えられるものではないが、少なくとも形式的には）。

（日本語）

どんな深刻な傷跡でも、既に十年も経っているのに、そんな古傷を知られるのは、それほど耐え難い恐怖なのか④？

（中国語）

不管那傷痕曾經刻得多深，畢竟都過了十年了，那麼古老的舊傷被人知道，難道真的那麼值得恐懼嗎④？

（英語）

No matter how deep the wound might have been, it's been ten years now. Are④ you really so scared to let such old scars be known?

日本語も中国語も、文末に「か」「嗎」といった疑問を表す助詞をつければ疑問文にできるが、英語の場合、ご存知の通りbe動詞を文頭に持ってきたり、be動詞がない場合は文頭にdo/

doesをつけたりしなければならない。

前述の二つの例は日本語と中国語の類似点だが、逆に日本語と英語が似ていて、中国語だけが違う文法項目もある。例えば日本語も英語も過去形を明確に示す文法的標識があるが、中国語にはそもそも過去形が存在しないのだ。

ところで、WALS（世界言語構造地図）というウェブサイトがある。これは多くの先行研究に基づいて、世界中の言語の音韻や文法といった特徴を様々な観点で記述するデータベースである。このサイトで調べれば、日本語と中国語、英語の類似点と相違点が分かる。

また、比較言語学という学術分野がある。これは言語同士を比較することによって、その親縁関係を見出したり、元となる共通の言語（祖語）を再構したりする学問だ。親縁関係がある言語同士は当然、類似性が高い。例えば同じインド・ヨーロッパ語族ゲルマン語派に属するデンマーク語とスウェーデン語はかなり近い。中国語はシナ・チベット語族シナ語派で、台湾語や広東語に近い。

では日本語はどの言語と親縁関係にあるかというと、長い間、「親戚を持たない孤立した言語」とされてきた。文法的には韓国語や北アジアのアルタイ諸語と共通点が多いためアルタイ語族に数えられることもあったが、定説には至らなかった。近年になって、日本語を別の語族に入れるのではなく、日本語と琉球語、ならびにその周辺言語と併せて「日琉語族」として確立するのが一般的になっている。

インド・ヨーロッパ語族の英語、シナ・チベット語族の中国語、そして日琉語族の日本語。当然、この三者は親縁関係のない全く異なる言語ということになる。

このように、日本語と中国語は似ても似つかない別々の言語だが、それでも日本語を勉強していた時、私が大きなアドバンテージを感じていたのもまた事実である。漢字の存在と、日中両語の千年以上にわたる交流史のおかげである。

漢字文化圏以外の学習者なら、平仮名と片仮名を習得した後に立ちはだかっている最大の難関は何をおいても漢字なのだろう。少なくとも、それが日本語習得のハードルを大きく押し上げていることは間違いない。日本語を学習する上でのアドバンテージという意味で、私は中国語母語話者でよかったと心から思う。既に漢字を四、五千字は習得していた身からすれば、日本語の常用漢字はごく一部を除いて、知らない字がほとんどないのだから。

もちろん、同じ漢字といっても、台湾で使われているものと日本で使われているものは違うし、中国のそれとも違う。一般的に台湾で使われている漢字は「繁体字《はんたいじ》」、中国で使われている漢字は「簡体字《かんたいじ》」、日本で使われている漢字は「新字体」と呼ぶ。繁体字は二千年以上使われている伝統的な字体であるのに対し、簡体字と新字体はそれを書きやすくするために、戦後の中国と日本でそれぞれ作られた簡易字体である。ただ、元々は同じだから、大本の繁体字を押さえていれば日本語の新字体も難なく読めたのである。当然、のび太みたいに「太」を「犬」

と間違えるようなこともなかった。

（繁体字）夫天地者萬物之逆旅光陰者百代之過客而浮生若夢為歡幾何
（簡体字）夫天地者万物之逆旅光阴者百代之过客而浮生若梦为欢几何
（新字体）夫天地者万物之逆旅光陰者百代之過客而浮生若夢為歓幾何

五十音は日本語の歌を歌いながら覚えたというのは前章で書いた通りだが、歌詞に使われている漢字もまた興味深かった。「時代」「未来」「興味」「必要」「不安」「勇気」「心」「夢」「傷」などは中国語でも使う言葉なので、読み方を知らなくても意味は分かる。「君」「僕」「大事」「居（る）」「見（える）」などは何となく意味が推測できる。

時々、「諦（める）」「戻（る）」「（すべてを）懸（ける）」など意味が推測しづらい漢字もある。中国語では「諦」は「真理」や「丁寧に」の意味で、仏教以外の文脈で使うことが少ない。「戻」は「残忍」「凶暴」の意味で、「懸」に至っては「吊るす」という意味だ。どちらも日本語における字義とかけ離れている。また時々、「叶」「払」「儚」「辻」「込」「峠」といったよく分からない漢字と出合うこともあった。「叶」「払」はその字形から元の繁体字がなかなか推測しづらい。「儚」は現代中国語ではほとんど使わない字で、「辻」「込」「峠」に至っては、そもそも日本が創った独自の漢字（国字）なのだ。しかしそんな「字は知っていて中国語で読めるのに、意味は分からない」「漢字なのに見たことがなく、中国語でも読めない」といった感覚こそ、どこかエキゾチックで、当時の私にはとても魅力的に映った。

日本語の漢字は大袈裟《おおげさ》だな、と思う時もあった。「必死に勉強する」と言うが、必ず死ぬほど勉強《無理強い》するのは忍びないし、「一生懸命」だって、一生を吊るして命まで吊ることになったら元も子もない。友達同士や恋人同士でもしっかり「約束（束縛する、制限する、取り締まる）」するし、答えを追い求める時は必ず「捜（捜査する、捜索する）」すくらい真剣でなければならない。「真剣に話し合う」場では本物の剣によって血が流されそうだし、「真面目に生きる」ためには自分の正体[*1]を晒《さら》さなければならないし、「完璧」でいようとするのも命懸けだ。[*2]中国語の「支離破砕」みたいに破けたり砕けたりするだけでは物足りず、日本語では「支離滅裂」のように切り裂いたり滅したりしなければならないのか——そういう年頃だったのだろう、そんな微妙な大袈裟さが実にツボにはまった。そもそも大袈裟ってお坊さんの袈裟とどう関係するのだろう。大きめな袈裟を着れば大袈裟なのだろうか。

意味が分かるものでも分からないものでも、大袈裟に感じたものでも感じなかったものでも、歌詞に出てくる漢字の読み方はとりあえず全部覚えた。すると、一つのことに気づいた。「器用」「自信」「孤独」「情熱」といった、発音が中国語と近くて覚えやすい読みと、「今」「仲間」「涙」「選（ぶ）」といった、中国語と全く異なって覚えづらい読みがあるのだ。要するに音読みと訓読みの違いに気づいたのである。

それは大きな発見だった。中国語では漢字は音読みしかなく（そもそも音読みの定義は「漢字を字音＝中国語音で読むこと」なので当然なのだが）、その音読みも多くの場合、一種類しかない。日本語の漢字の読み方に、中国語の音に似ているものがあるということ自体が驚きだ。何しろ、例えば「時代（shídài）」「未来（wèilái）」は英語だと「time」「future」という全く関係のない音になるのに、日本語だと「じだい」「みらい」という、ちょっとずれているがとても似ている音になる。「ちょっとずれているが似ている」というところが肝心だ。完全に同じ音だと味気ないし、全く関係のない音だと英語と大して変わらない。似ているからこそ親近感を覚えるし、ずれているからこそ異国情緒を感じるのだ。

それとは別に、日本語の漢字は何通りも読み方があるというのも驚きだ。中国語では、漢字の「字形」と「字音」はとても固く結びついているし、そのような結びつきは義務教育と夥《おびただ》しい数の宿題やテストを通して叩《たた》き込まれていた。中国語では「君」は「君不見」でも「君子」でも「jūn」としか読まないし、「日」は「日本」でも「曜日」でも「一日」でも「二日」でも「今日」でも「昨日」でも「日記」でも「rì」としか読みようがない。「翼」は当然「yì」と読むし、「海」は当然「hǎi」と読む。にもかかわらず、日本語では音はごく自由に漢字の字形から遊離しているように見えた。「瞳」は「トウ」とも「ひとみ」とも読めるし、「名」は「メイ」とも「な」とも読める。そこまではまだいい。「疾風《かぜ》を駆け抜けて」「孤独《ひとり》にしない」「この地球《ほし》に生きて」「未来《あす》へ歩もう」「青眼の白龍《ブルーアイズ・ホワイト・ドラゴン》」に至っては「漢字になんてことをしてくれたんだ！」みたいな衝撃を覚えた。

一六〇〇年前、漢籍を中国から受け入れ、訓読を通して日本語にしていった先人たちは、漢籍の権威や格調高さを保つために、すべてを和語に翻訳するのではなく、わざわざ漢語のまま、漢字音のまま——例えば「遠方」を「遠《とお》つ方《かた》」ではなく「遠方《えんぽう》」、「巧言令色」を「巧《うま》き言《こと》と令《よ》き色《いろ》」ではなく「巧言令色《こうげんれいしょく》」のまま——日本語に取り入れた。その結果、日本語に漢語がたくさん入ってきて、「撥音《はつおん》」「促音《そくおん》」といった新しい音も生まれた。思えば、当時の人たちが漢語特有の響きに魅力を覚えていたのと同じように、日本語を学びたての私もまた日本語の漢字音に魅力を感じていた。

『彼岸花が咲く島』の中で、私は「ひのもとことば」という、日本語からすべての漢字と漢語を排除した言語を仮構した。そのような言語が現実世界にあり得るかどうか、私には分からない。ただ、もし日本語が「ひのもとことば」みたいに漢字も漢語もなかったのなら、私はたぶん、日本語に興味を持つことはなかったと思う。

日本語は難しい言語かどうかという質問について答えはないが、漢字があるおかげで、私は一度も難しいと思ったことがないのだ。

＊1　中国語では「真面目」は「正体」の意。

＊2　「完璧」の語源は中国の戦国時代の故事による。当時の趙《ちょう》の国には「和氏《かし》の璧《へき》」と呼ばれる宝玉があり、秦《しん》の国王はそれを欲しがった。「秦の十五の城と交換したい」と秦王が申し出たので、趙の使者・藺相如《りんしょうじょ》は璧を持って秦へ向かい、秦王に謁見した。ところが秦王は城を差し出す気が毛頭なく、最初から璧を奪い取るつもりでいたことが判明し、藺相如は命懸けで璧を趙に持ち帰った。ちなみに現代中国語では「完璧」は「処女の身」という比喩的な意味もある。

愛憎入り交じる外来語

ガールフレンドとベイサイドのイタリアン・レストランでディナーをともにしたのは、トワイライトがグラマラスでスペクタキュラーなマジックアワーだった。そのレストランはスマートフォンでQRコードをスキャンするとグランドメニューにアクセスできるハイ・テクノロジーのスタイルだった。ドリンクにスパークリングワインを、アペタイザーにプロシュットとカルパッチョを、メインディッシュにチーズフォンデュとカルネミストをオーダーした。ドルチェはティラミスとパンナコッタで、どれもデリシャスだった。

そのチャーミングなレストランはエコ・クッキングをコンセプトにするポジティブなスタンスで、エネルギーとフードのロスをベスト・エフォートでリデュースすることでCSRにコミットしていた。ダイバーシティもハイ・プライオリティで、とりわけバリアフリーのユニバーサルデザインはかなりスタイリッシュだった。それはインターナショナル・アワード・ホルダーのセレブのデザイナーとコラボレーションしてクリエイトしたもので、ギャランティにビッグマネーがかかったからコストがペイするまでかなりロングスパンだったらしい。

ソーリー、さすがにトゥーマッチだったかもしれない。このようにジャパニーズではフォリナーなボキャブラリーのプレゼンスがとても高く、とりわけビジネスシーンではほぼエブリデイ・エクスペリエンスなのではないだろうか。

「外来語」とコールされるこれらのワードにはコンテンポラリーでモダンなセンスがビルドインされているからスペシフィックなコミュニケーション・スタイルではウェルカムされる。ドリーム・ワールドとしてフェイマスなディズニーランドのホームページにアクセスすると、メニューバーのアイコンのテキストにはこうある。「パークチケット」「グッズ／ショップ」「メニュー／レストラン」「アトラクション」「パレード／ショー」「キャラクターグリーティング」「マップ」「パークのサービス」「交通アクセス」……。このカタカナの多さたるや、私がインテンショナルにライトした、あまりナチュラルでないかもしれないパラグラフの中にセットしてもフィットする感じすらある。


日本語の中に外来語がたくさん入っていることに気づいたのは、五十音を覚えて間もない頃だった。仮名文字を覚えると、それまでは暗号にしか見えなかった文字列が次々と意味を纏《まと》い出し、見たことがない文字の配列でも発音してみると意味が分かってしまうなど、不思議な体験の連続だった。

中国語や韓国語、タイ語を習ったことがなく、文字が読めない人でも、「ニーハオ」「アンニョンハセヨ」「サワディーカー」といった日常的な挨拶ならどこかで聞いたことがあり、意味も分かるのではないだろうか。それと同じで、仮名文字がまだ読めなかった頃から、「ありがとう」「おはよう」「こんにちは」「おやすみ」といった日常的な挨拶は音として頭に入っていて、意味も分かっていた。ただ、それらは文字によって固定化されていない、宙に浮遊している音に過ぎないので、「アリガド」「オハイヨー」みたいに多くの変種を有していて、頭の中で常にぐらぐら揺れていた。仮名文字を習得すると、曖昧な形で記憶されていたそれらの音がようやく文字に結びついた。それはふわふわと空に浮いている風船に重りをつけ、地上にしっかり繋《つな》ぎ止めるような作業だった。地面に繋いではじめて、それは自分の知識、自分の語彙《ごい》として具体的な形を得ることになる。なるほど、ああいうふうに発音すると思っていたあの表現は本当はこんな音で、こんなふうに記述されるのだ、というふうに。

日常的な挨拶と並んで、発音してみると「ああ、あれか！」と気づくような言葉に、外来語があった。特に英語由来の外来語は、日本語の言葉として学習していなくても発音すると意味が分かるものが多いので、日本から輸入されたお菓子などをスーパーで見かけては、その食品表示欄を細かく読み込み、まるで秘境の暗号を解読しようとする探検家みたいに、意味不明な文字列の中から何とか解読できるパーツを見出そうとしていた。「チョコレート」「ポテトチップス」「ハンバーガー」「ミルク」「アイスクリーム」など、解読可能な言葉を見つけては喜んだ。ああ、英語のあの言葉は日本語ではこんな形になっているんだ、こんな発音になっているんだ、おもしろーっ！　というふうに。別に解読できたからといって報酬も賞金もないが、当時の私が感じていたのは純粋な知的喜びだった。

後になって大学で日本語を専攻することになり、保守的なカリキュラムのせいで日本語を五十音からもう一度やらされる羽目になったが、初級日本語の授業でこれらの外来語の単語が出てくると、周りの同級生がしきりに日本語での発音を馬鹿にしていたように感じられた。

「『アイスクリーム』ってwwww何故『ム』をそんなに強調するのwwwwwウケるwwwww」

「『バーガーキング』ってwwバガwwバカwww」

という具合に。

英語の音節構造では母音が中心であり、母音の数がそのまま音節数になる。一つの母音の前後に子音がいくつくっついていても一つの音節にしかならないので、子音の発音はそこまで目立たない。「ice cream」という単語では、「cream」の「m」は音節を成さない語尾の子音なので、そこまではっきり発音しない。しかし日本語の音節構造は基本的に「子音＋母音」の開音節なので、「m」のような語尾の子音というものは許容されていない。そこで「ウ」という母音を挿入して「ム」とすることで、「ice cream」という言葉をいわば「日本語化」したのである。

「burger king」という単語は、「ice cream」とは別の「日本語化」の過程を辿《たど》っている。日本語では「r」の音がないので、英語の「-ur」「-er」の音（どちらも／ər／と発音する）は「アー」で対応する。だから「burger」は「バーガー」になる。また、「king」という単語の発音をそのまま日本語で表記すると「キン」でもいい気がするが、英語の「-n」と「-ng」の違いを反映して、日本語ではそれぞれ「-ン」「-ング」になる。どれもその法則を言語学的にはっきり記述できる、立派な日本語化のプロセスである。

これらの外来語の発音を馬鹿にする同級生たちの態度は、単に出合ったばかりの新しい言語を面白がっていたというより、そこには「道理で日本人は英語が下手なわけだ」「道理で日本人の喋《しゃべ》る英語が聞き取りづらいわけだ」といった軽蔑の意図が含まれていたように、私には感じられた。

同級生たちの態度に、私は無性に腹が立った。彼らのそうした態度は、ある前提に基づいている――「英語こそが規範なのだ」という命題である。つまりは英語本位主義的な考えである。英語ではice creamだからアイスクリー「ム」と発音するのは滑稽だ、burgerが「バーガー」になるなんておかしい、というふうに。

そうした見解はそれ自体批判されるべき狭隘《きょうあい》な価値観だが、私が感じていた腹立ちはより感情的なものだったかもしれない。日本語を勉強したての頃の私にとって、それらの「日本語化された英語」の発音は「滑稽」「おかしい」どころか、むしろとても新鮮で、美しく感じられていた。「日本語化」されているからこそ、「チョコレート」「ミルク」「ポテトチップス」は単なる小学生レベルの英単語ではなく、れっきとした日本語の言葉になっている。日本語ができる人が周りに誰もいなかった中学時代、そんな言葉を知っているのは私だけだった。つまりは私だけが持っていた、世にも珍しい真珠なのだ。

ところで、日本語には片仮名という武器があるから外来語を素早く受け入れる力を持っている。では、漢字しか持たない中国語はどのように外来語を取り入れるのだろうか。

主な手段は二つ、音写と意訳である。中国語でも、漢字の意味を無視し、音だけを活かした音写語がそれなりに存在する。「巧克力《チャウカーリー》（チョコレート）」は巧《たく》みに克《か》つ力ではないし、「沙發《シャーファー》（ソファ）」に沙《すな》が入っているわけではないし、「布丁《プーディン》（プリン）」も布ではない。三つ巴《どもえ》になって争っている兵士かと思えば単なる「巴士《バーシー》（バス）」で、沙でできた龍と言えばなるほど「沙《シャー》龍《ロン》（サロン）」だ。しかし意味に重きを置きがちな漢字にとって、このような訳し方には自《おの》ずと限界がある。原語の発音をなぞる力（「音写力」とでも呼ぼうか）に関して、漢字は片仮名よりだいぶ劣っているし、何よりこんな言葉が大量に生まれると、記憶しなければならない言葉が増え過ぎてとても大変だ。同音異字の漢字がたくさんあるから表記ゆれも激しい。二十世紀初頭、五《ご》・四《し》運動の時代に、民主主義と科学の重要性を説こうとしていた知識人たちは「democracy」と「science」を「徳莫克拉西《ダーモーカーラーシー》」と「賽因斯《サイインスー》」に訳したが、こんな表記が浸透するわけがない。外来語を受け入れる手段として、中国語ではやはり意訳が主流である。

例えばパスタやスパゲッティは「義大利麵《イタリアの麺》」になり、ラザニアは「千層麵《千層重なっている麺》」になる。ホットドッグは「熱狗《熱い犬》」で、グリーンカードは「綠卡《緑のカード》」、ホワイトハウスは「白宮《白い宮殿》」、スーパーマンは「超人」、フェイスブックは「臉書《顔の本》」。これらは意訳外来語の分かりやすい例だが、次の例は新しい事物が外から入ってきた時に、その性質や機能に着眼して訳された／作られた言葉であり、そもそも外来語と言えるかどうかが微妙だ。テレビは「電視《観る電子機械》」で、コンピューターは「計算機《計算する機械》」か「電腦《電子の脳》」、プリンターは「印表機《表を印刷する機械》」、ドライヤーは「吹風機《風を吹かせる機械》」。フェミニズムは「女性主義」で、ポスト・モダニズムは「後現代主義」で、ジェットコースターは「雲霄飛車《雲にまで飛ぶ車》」だ。テトリスもルービックキューブも「魔術方塊《魔術のブロック》」で、綿菓子もマシュマロも「棉花糖《綿のお菓子》」だから、どれを指しているのかは文脈で判断するしかない。日本語では外来語は基本的に片仮名で表記されているが、中国語は全部漢字なので、ある言葉が外来語に当たるかどうかは表記だけでは判断しづらく、そもそも外来語の定義自体も曖昧である。

また、原語の発音を音写した外来語であっても、漢字の字義を踏まえて作られたものが多い。つまり発音と意味を両方考慮した訳し方だ。例えばコカ・コーラは「可口可樂《カーコウカーラー》」で、漢字の字面から「美味《おい》しくて楽しい」という意味が読み取れる。UFOは「幽浮《ヨウフー》＝空に浮かぶ幽《かす》かに見えるもの」で、ポラロイドは「拍立得《パイリーダー》＝撮ったらすぐ手に入る」、レーザーは「雷射《レイシャー》＝雷みたいに射す」。パルクールは「跑酷《パウクー》＝走るクールなやつ」でなければならず、発音が全く同じだとしても「跑褲《パウクー》＝走るズボン」ではまずい。エイズは性行為が主な感染経路だからか「愛滋《アイズー》＝

愛の味」と訳されているが、これにはブラックユーモアすら感じる。

　このように漢字は意味を完全に脱ぎ捨てることはなかなか難しく、たとえ最初に翻訳した人が意図しなくても、漢字というものが呼び起こすイメージが常に付き纏う。エジプトは「埃及《アイジー》」と訳されている。これは恐らく純粋な音写語だろうが、「埃《ほこり》が及ぶ」という字面からは、黄土、砂漠、ピラミッドといったイメージが喚起される。シドニー「雪梨《シュエリー》」を見ると雪みたいに真っ白な景色が思い浮かぶが、実際オペラハウスは真っ白だ。ポーランド、オランダ、フィンランド、アイルランドはそれぞれ「波蘭《ブォーラン》」「荷蘭《ハーラン》」「芬蘭《フェンラン》」「愛爾蘭《アイアーラン》」だが、蘭の花が咲き乱れるイメージが強く、ポルトガル、スペイン、ハンガリーは「葡萄牙《プータウヤー》」「西班牙《シーバンヤー》」「匈牙利《ションヤーリー》」なので歯（中国語では「牙」は「歯」の意味）が出っ張っている印象がある。「温哥華《ウェンガーファ》」という地名を見ると暖かくて華やかなイメージがあるが、実際はかなり寒い。その場所を日本語で言うと「バンクーバー」になるのだが、暖かくて華やかなイメージがあった場所は、「バン！」「クー！」「バー！」という強そうな響きとはどうも釣り合わない。「楓丹白露《フェンダンバイルー》＝赤き楓《かえで》と白き露」という何とも美しい言葉には思わず心酔しそうだが、大人になってそれは単なる地名（フォンテーヌブロー）に過ぎないと知り、失望したことを覚えている。

　漢字が持っている「字義」は、良くも悪くも記憶の手助けになる。例えば英米の小説を中国語訳で読む時、登場人物の名前には全て漢字が宛てられているので、その漢字が纏うイメージとセットにすると記憶しやすい。ジェーン・エアは「簡《ジェン》・愛《アイ》」なので愛情深い女性を思わせ、ハーマイオニーは「妙麗《ミャウリー》」なので絶妙に賢くて麗しい女性として印象に残る。

中国語話者にとって、漢字はいわば世界を認識するための基盤であり、道みたいなものだ。道がなければ、人々は行き詰まって二進《にっち》も三進《さっち》も行かない。伝説によれば漢字は蒼頡《そうけつ》によって創られたものだが、彼が漢字を創った時、「天雨粟、鬼夜哭」――天は粟《あわ》を降らせ、鬼《き》は夜に泣いたという。それだけ、中国語話者にとって漢字の誕生は、天地を揺るがすほどの大事件である。

だからこそ、日本語に存在する夥《おびただ》しい外来語に触れると、恐れをなすのも無理はない。漢字が一切使われず、片仮名のみで表記されるそれらの言葉を記憶するのは、言うなれば道のない場所にいきなり放り出され、そこで道を自力で作り、その上を歩くみたいな、とても大変な作業だ。チョッキとチョークとチョキとチョーカー、どれも似ているのに全く異なるもので、マルガリータを頼みたい時にマルゲリータと言ってしまったら隣の客に笑われそうだ。「鉀《ジャー》」「鈉《ナー》」「鈣《ガイ》」「鎂《メイ》」「鋁《リュー》」「鉻《ガー》」、中国語ではこの世界に存在するありとあらゆる元素を漢字一文字で表せるのに、日本語になると急にカリウムにナトリウムにカルシウムにマグネシウムにアルミニウムにクロムと、片仮名がニュムニュムシュムシュムと百鬼夜行の行進を始める。中国語を母語とする日本語学習者に「日本語で一番嫌いな部分はどこ?」と訊《き》いたら、十人中八人は「外来語」と答えるのではないだろうか（残りの二人は「オノマトペ」と答えそう）。

日本語から中国語への翻訳作業においても、外来語は常に翻訳しづらい項目の上位にランクインする。チョーカーやジョーカーなど可愛いものだ。化粧品会社の商品企画部が現代風でおしゃれでイケてそうなネーミングのつもりで「デザイニングブラウンアイズ」とか「ラッシュマキシマイザー」とか「レッドヌードルージュ・エアリーマット」とか「スリムクリエイトチークス」とか名前を付けたはいいが、中国語翻訳者に任される作業は涙なしでは語れない。自分は果たして日本語を翻訳しているのか英語を翻訳しているのか、疑いたくなるほどだ。

愛憎入り交じるは外来語——学習の初期段階においてそれは普段とは違う顔をしている旧友だが、レベルが進むとその氾濫ぶりには思わず眉をひそめ、煮え湯を飲まされた気分にさせられる。「最近の日本語は乱れている」などとお年寄りみたいな愚痴をこぼすつもりはないが、何とかならないかな、という気持ちはずっとある。

そう言えば、音写と意訳以外に、中国語における外来語には実はもう一つのパターンがある。漢字語の語形借用、つまり日本語の言葉を漢字表記のまま中国語に輸入し、中国語読みで発音するものである。「物語」「写真」「人気《にんき》」「宅急便」「暴走」「激安」「女優」「歌姫」が、「物語《ウーユー》」「寫真《シェイジェン》」「人氣《レンチー》」「宅急便《ジャイジービェン》」「暴走《バウゾウ》」「激安《ジーアン》」「女優《ニューヨウ》」「歌姫《ガージー》」になるのだ。中国語にはこれらの単語の意味を表す言葉が存在しないわけではない。「物語」は「故事《グーシー》」で、「写真」は「照片《ジャウピェン》」で、「女優」は「女演員《ニューイエンユエン》」だ。では何故「物語《ウーユー》」「寫真《シェイジェン》」「女優《ニューヨウ》」と言うのかというと、これらの言葉は日本的な、おしゃれでエキゾチックな響きを纏っているからだ。「物語《ウーユー》」と言えば日本的な侘《わ》び寂びや和敬清寂のイメージが喚起される。「寫真《シェイジェン》」は一般的な意味の写真よりも、(「真」を「写す」から)もっぱらセクシーな写真集のことを指し、「女優《ニューヨウ》」となると端的にAV女優のことを指す(申し訳ないがこれは事実だ)。

そう考えれば、日本語に外来語が大量に存在する理由もよく分かる。それらの言葉はおしゃれに聞こえたり、異国情緒を纏っていたり、あるいは似た意味の和語や漢語とはニュアンスが異なったりするから、現代人に必要とされているのだろう。国立国語研究所は『「外来語」言い換え提案』なるものを発表している。例えば「コアビジネス」「コンセプト」「ライフサイクル」「マルチメディア」「マンパワー」の代わりに、「中核事業」「基本概念」「生涯過程」「複合媒体」「人的資源」を使うよう提案されているが、ニュアンスが微妙に違うのも事実だ。「メディテレーニアンハーバーにて、ミッキー&フレンズのハーバーグリーティング『タイム・トゥ・シャイン!』を開催!」が「地中海の港にて、ミッキーと友達の港のご挨拶『輝く時間だ!』を開催!」になると、「夢の国」感が半減するかもしれない。そもそも日本語に輸入された時期が早かっただけで、漢語もまた日本語にとっては広義的な外来語なのだ。漢語ならよくて、(欧米由来の)外来語は駄目だと断じる論理的な理由は、本来ないのである。

だから――たとえロー・モチベーションでもハイ・ストレスでも、ラビリンスでゲット・ロストしたようなムードになっても、外来語が多いのはアンコントローラブルでアンチェンジャブルなファクトなので、ベスト・エフォートでインプットしていくしかない。それがランゲージ・ラーニングにコミットするピープルにとってもっともシンプルなプリンシプルであり、スキルをインプルーブしプログレスをゲットするためのリアリスティックなストラテジーと言えよう。

変な日本語にご用心

日本語は台湾の公用語ではないが、台湾で暮らしていると、日本語の文字を目にする機会はまあまあ多い。屋台や店の看板から、商品のパッケージ、テレビCM、個人的な手紙、学生のメモや教師の板書まで、何故か仮名文字が愛用される。

手紙やメモ、板書の場合、その理由は明白で、漢字は画数が多いから、仮名文字で代用すれば手間が省けるからだ。要するに「一箇月」は面倒くさいから「一ヶ月」と書くようなものだ。

台湾人にとって一番身近な仮名文字は「の」である。「我的書＝私の本」「桌子的上面＝机の上」「明天的考試＝明日のテスト」のように、名詞と名詞を繋《つな》ぎ、前の名詞で後ろの名詞を修飾する中国語の「的」の多くは日本語の「の」に相当するため、「的」の代わりに「の」を書く人は多い。例えば「我的書」「明天的考試」と書かずに「我の書」「明天の考試」と書く。それが過度に一般化して、本来「の」に相当しないはずの形容詞の語尾（例えば「美麗的景色＝綺麗《きれい》な景色」「好吃的食物＝美味《おい》しい食べ物」）まで「の」と書いてしまう。当然、そう書く人のほとんどは日本語ができないし、「の」は「no」と読むことすら知らないのだろう（ちなみに、このような省エネ精神は古代の日本人も大好きで、片仮名はまさしく漢字の省略形として生まれたのだ）。

中学生の時、仲の良かった女友達と交換日記をしたことがある。日記の中で、私たちはやはり「的」の代わりに「の」を書いていた。ただ私たちの場合、漢字を書くのが面倒くさいというより、単に仮名文字を「格好いい」「おしゃれ」だと思って書いていたのだろう。他の人と違うことがしたい、他の人に分からない文字が書きたい、というような中二心もあったと思う。要するにギャル文字的に使っていたのだ（本当は「の」くらい誰でも簡単に読めるのだが）。五十音を覚え始めてから、私は名詞の並列を表す「和」（例えば「我和他＝私と彼」「學生和老師＝学生と先生」）も「と」に置き換えてみたが、こちらは残念ながら先方には通じなかった。

女子中学生の交換日記くらいどう書いたって自由だろう。しかし台湾では正式な商品名にすら仮名文字が使われる例がある。日本輸入の商品ではなく、台湾発の商品だ。一番有名なのは「植物の優」というヨーグルトだろう。CMを見ると、商品名は「植物の《ジーウーの》優《ヨー》」というふうに、「植物」と「優」は中国語読みで、「の」はちゃんと日本語の発音になっている。日本語の文字を商品名に取り入れることで、日本的なおしゃれ感を醸し出そうという生産者側の意図がはっきり読み取れる。

高度経済成長期以降、日本は長らくアジアの雄として君臨していた。経済大国の地位を確立したのと同時に、流行文化の主要な輸出国でもあった。電子機器、自動車、医薬品、食品、漫画、アニメ、ゲーム、映画、音楽、小説、ファッションなど——とにかく「日本製」は「安全安心」「高品質」「楽しい」「面白い」「おしゃれ」といったイメージの代名詞だった。そんな時代背景だからこそ、「植物の優」みたいな「疑似的日本輸入商品」や「疑似的日本ブランド」が台湾で大量に作られた。「超の油切」も有名な例だ（こちらは緑茶である）。

　日本の商品だっておしゃれ感を期待して英語などの欧米言語を使うことが多々あるので、本来であれば台湾の製品に仮名文字を使ってもたいして問題ではないはずだ。何しろ、言語や文字そのものには著作権がない。とはいえ台湾の場合、畫虎不成 反類犬《ホアフーブーチエンファンレイチュアン》——虎を描こうとするが下手過ぎて犬にしか見えない、みたいなケースがかなり多い。「日本的おしゃれ感」を演出しようとする業者がきちんと日本語のプロを雇わず適当にやった場合、大抵滑稽で悲惨な結果になってしまう。

　台湾のナイトマーケット、「夜市《よいち》」を歩き回っていると、看板に仮名文字を使う屋台がかなり多い。「阿嬤の焼番賣（おばあさんの焼きとうもろこし）」「炸の物（揚げ物）」などは台湾人向けに日本的おしゃれ感をアピールしたものだろう。一方で日本人観光客対策として日本語訳が添えられる場合もあるが、「カしー」「ぎゆにくりょり」「チヨコレード」「入ク口」などの間違いは翻訳以前の問題だ。辛うじて翻訳になっているが微妙なものも多い。「鶏の唐揚げ専売ウェルネス地鶏スープ」って、「専売」の使い方の違和感は一旦おいておいて、「ウェルネス地鶏」は要するに「健康な」と言いたいのだろうからこれもいいとして、唐揚げの店なのに何故か「地鶏スープ」になっている。しかも縦書きなのに音引きの「ー」は横棒のままだ。

屋台だけではない。店舗を構えている店でもそうしたおかしな日本語が多用される。歩き疲れた時に癒してもらおうとマッサージ店を探したら看板に「マッサーッ」と書いてあって抹殺されるのかと思った。「いらっしゃいませ」のつもりだろうが何故か最後に余計な「ん」がついていて、いらっしゃっていいかどうか分からない。「コイのオマモリニイミキミョクド」って何のことかと思ったら、上に書かれた「恋の御守日式食堂」の文字列を見てようやく言わんとすることを理解した。「ラーメン」が間違って「うーメン」になったのはまあいいとして、同じ間違いが「ランチセット」に起きたらさすがに引く。

翻訳の予算がない個人商店ならまだ分かるが、有名な観光地でも残念な例は枚挙に暇《いとま》がない。高雄に「寿山 LOVE 展望台（壽山情人觀景台）」という観光スポットがあり、ここから高雄市の煌《きら》びやかな夜景を堪能《たんのう》できる。神戸の「BE KOBE モニュメント」のように「LOVE」のモニュメントが設置されており、映《ば》える写真スポットでもある。モニュメントの近くに一枚の案内板らしきものがあり、様々な言語で何か書いてある。日本語を読むと「あなたを愛して」とあり、意図は測りかねた。「ご自身を愛してください／ご自愛ください」と言いたいのだろうか。しかしその上の韓国語は「난 널 사랑해」となっているので、普通に「（あなたを）愛してる」と書きたいだけのようにも思える。

またある時、空港でプリペイドのSIMカードを購入すると、元のSIMカードを入れる用に小さなチャック袋を渡された。よく見ると袋には多言語の文字が印刷されている。日本語は「違法商用車を取ることはありません」になっている。何が言いたいのかさっぱり分からない。中国語を読んではじめて、なるほど、要するに「違法タクシーに乗らないでください」と言いたいのだと分かる。そんなものだから、台湾の街で日本語を見かけた時はいつも斜に構えた態度になる。どれどれ、今度はどんな間違いを見せてくれるんだい、というふうに。だからこそ、高雄の地下鉄で「閉まりかけたドアへの駆け込み乗車はお止《や》めください」のポスターを見かけた時、おお、珍しく完璧だ、と感動すら覚えた。ちなみにそのポスターは高雄の地下鉄会社とボーカロイドとのコラボレーションなので、さすがに間違ってはまずいのだろう。

そう言えば「Superdry.極度乾燥（しなさい）」というイギリス発のアパレルブランドがある。流行《はや》りのブランドで、時価総額一五〇〇億円の大企業になったほどだ。何故こんな意味不明な日本語があんなにも流行ったのかと、日本語ができる人なら不思議に思うだろうが、特定の言語の文字におしゃれな装飾感を見出《みいだ》し、それを身につけたり看板に使ったりタトゥーとして入れたりしたくなるという気持ち自体、かなり普遍的なものかもしれない。日本でも、何と書いてあるか分からない英語の文章が印字されているTシャツを着ている人を街中でよく見かける。ちなみに「Superdry.極度乾燥（しなさい）」というブランドについては、台湾の夜市でパロディのTシャツを見たことがある。それらのTシャツにはこう印字されていた――「Superdrunk.

極度喝茫（酒に酔います）」「Supershy. 極度害臊（恥ずかしい）」。

台湾でおかしな日本語をよく見かけるという現象は、台湾人のいい加減さの反映だ、というふうに粗雑な分析を弄《ろう》してみることも可能だが、よく考えれば日本で使われる中国語もかなり怪しいものがある。一回、ビックカメラのフロアガイドで「看（見る）」という中国語の案内を見たことがある。何を見ろというのだと思ったら、なるほど時計売り場の案内だ。要するに「時計→ watch →見る」という、初歩的な誤訳である。具体的な著者名を出すのは控えるが、日本語の小説ではたまに中国語の台詞《せりふ》が出てくることがある。そうした台詞は大抵、どこか間違っている。ちなみに、有名な大関甘酒の瓶に印字されている漢詩風の文字（四季甘露有／酒粕微醺呈／蜂蜜栄養豊／滋味如桃源）が全く漢詩の体を成していないということにも物申しておきたい。これもまた漢字の装飾的機能に重きを置いた使用例だろう。

文字をおしゃれな飾りとして使うのは一向に構わないが、観光客向けの案内などは、やはりきちんとプロの翻訳者に依頼してほしいものだ。

美しき数式
――私的日本語文法論

表記（文字）、音韻（発音）、語彙《ごい》（単語）――日本語を学習し始めた頃に感じていた日本語の魅力について書いてきたが、言語学習でもう一つ身につけなければならないものがある。そう、文法である。

文法とは大雑把に言えば、文を構成する際に従うべき法則のことである。例えば「私は昨日会社に行って仕事をした」という文は、「私／は／昨日／会社／に／行く／て／仕事／を／する／た」といった要素でできているが、要素さえ揃《そろ》えば正しい文ができるというわけではない。「昨日私は会社に行って仕事をした」「昨日会社に行って私は仕事をした」というふうに要素の順番を入れ替えても文は通じるが、「＊はにて私昨日会社行く仕事たするを」では通じない。また、「＊私は昨日会社に行かて仕事をしろた」のように、動詞の活用を間違えたらやはり文として成り立たない。このように、文として成り立つ／成り立たないを決める法則――構成要素の順番や組み合わせ方、活用の仕方など――が、文法である。

新しい言語を学ぶ時、学習者は夥《おびただ》しい数の文法項目を覚えなければならない。これはとても大変なことだ。英語の学習経験を思い出せば分かるだろう。当然、日本語も例外ではない。五十音や単語は一人でも覚えられるが、文法は独学だとどうしても限界がある。

独学の中学時代、私が頼れるのは本しかなかった。書店で入手した文型の学習書には初級レベルの文型が何十個と収録され、簡単なものから難しいものという順番で並んでいた。最初に来るのはこんなものだった。

・A［名詞］はB［名詞］です。
・A［名詞］はB［名詞］ではありません。
・A［名詞］はB［名詞］ですか。はい、A［名詞］はB［名詞］です。／いいえ、A［名詞］はB［名詞］ではありません。
・A［名詞］はB［名詞］です。C［名詞］もB［名詞］です。

名詞しか使われないこれらの文型はすぐ覚えられ、「これはペンです」「地球は私たちの星です」「あいつは人間ではありません」「あなたたちは恋人ですか」「私は学生です。あなたも学生です」といった例文も難なく作れた。ページをめくっていくと、やがて形容詞と動詞の文型も出てきた。

・A〔名詞〕はB〔形容詞〕です／くありません。
・A〔名詞〕はB〔形容動詞〕です／ではありません。
・A〔名詞〕はB〔名詞・場所〕にあります／います。
・A〔名詞〕はB〔名詞・場所〕へ行きます／来ます。
・A〔名詞〕はB〔名詞・場所〕でC〔名詞・目的語〕をD〔動詞〕。

ここまで読んで、私は日本語のいくつかの特殊性に気がついた。まず、日本語の形容詞には「形容詞（赤い、青い、明るい、美しい、おいしい）」と「形容動詞（上手、下手、好き、嫌い、綺麗）」の二種類があり、それぞれ違う文型が適用されること。次に、日本語では主語が生物か無生物かが大事で、生物なら「いる」、無生物なら「ある」を使うということ。最後に、日本語では「助詞」というものがあり、助詞はその前の言葉が文中で果たす役割を示しているということ。例えば「で」は動作の場所を、「へ」は動作の目的地を、「に」は存在の場所や動作の時間を、「を」は動作の目的語を、「は」は動作の主語を示している、というふうに。助詞があるから、語順は比較的自由なのだ。

日本語母語話者なら当たり前に思われるこれらの特徴は、しかし中国語とも英語とも異なる。英語では形容詞は二種類存在しないし、生物か無生物かによって異なる動詞を使ったりしない。

また、中国語も英語も語順は大事で、「我愛你／I love you.」と「你愛我／You love me.」とで意味が真逆になる。しかし日本語では「私はあなたを愛している」も、「あなたを私は愛している」も、意味は同じなのだ。

日本語の文法は、私にある種の数式的な美しさを感じさせた。日本語の文はいくつかの「文節」によって構成され、それらの「文節」もまた「名詞＋助詞」（この言い方は厳密には間違っているが、当時の私はこのように大雑把に理解していた）によって構成されており、文の最後に動詞か形容詞が来る。その足し算的な構造自体がとても新鮮で楽しかった。

とはいえ、文型の学習書をあるところまで読み進めると、やはり壁にぶち当たってしまう。文型同士の間の微妙なニュアンスの違いがなかなか摑《つか》めないし、自分が作った例文を添削してくれる人もいないからである。

例えば、こんな文型がある。

・A［名詞］はB［名詞］がC［形容詞］です。

俗に「『象は鼻が長い』構文」と呼ばれるこの文型から始まった論争は、日本語学を専攻する人なら知らぬ人がいないほど有名なものである。「象は鼻が長い」みたいな文――「日本は冬が寒い」「春は花が綺麗」「彼は背が低い」など――における主語は何なのか、というのが中心的な論点である。

英語の場合、「An elephant's trunk is long.」という文なら主語は間違いなく「trunk」であり、「Elephants have long trunks.」なら主語は「elephants」なので、議論の余地はないだろう。日本語でも「子供は家にいる」みたいな文なら、助詞「は」の前の「子供」を主語として理解して差し支えない。

しかし、「象は鼻が長い」みたいな文には「は」と「が」があり、どちらも主語を示し得る。ではこの文の主語は一体何なのか、「象」なのか「鼻」なのか、はたまたその両方なのか、あるいはどれも主語ではないのか。そこから始まる議論は、日本語における「は」と「が」の違いは何なのか、そもそも日本語文に「主語」という考えがそぐわないのではないか、といった問題意識に発展し、多くの研究者が様々な学説を提示しており、いまだに定説と言えるものはない。[*1]

そう、日本語学の世界で大論争を巻き起こしたこの構文は、日本語では極めて基礎的な文型であり、初級レベルのごく最初の段階に出てくる。当然、これは初心者の私を大いに困惑させた。「象の鼻は長い」「日本の冬は寒い」と言えばいいところを、何故わざわざ「象は鼻が長い」「日本は冬が寒い」と言うのか、両者の違いは何なのか、そもそも「は」と「が」はどう違い、どのように使い分ければいいのか（「は」と「が」の使い分けについては特に難しく、上級レベルになっても悩まされた）——その本の短い説明と例文では到底私の疑問に答えることができなかった。
また、こんな文型もあった。

・A［名詞］がB［動詞終止形］と、C［名詞］がD［動詞］。

「春が来ると、花が咲く」「雨が降ると、地面が濡れる」のような例文が挙げられるこの文型は、「前の事柄が起こってから間を置かずすぐ後ろの事柄が起こる」、または「前の事柄が起これば必然的に後ろの事柄も起こる」といった意味を表す。これもまた初級レベルの文型だが、使いこなすのはなかなか難しい。英語の「As soon as……」や中国語の「一……就……」に意味的に似ているのでそこから類推し、「母が家へ帰ると、弟がテレビを消します」「彼女が手紙を書くと、郵便局に行きます」といった文を作ってみたが、添削してくれる人がいないので正しいかどうかもよく分からなかった。

そして、こんな文型に出合うと、いよいよ白旗を立てるしかなくなり、それ以上読み進めることができなかった。

・A［動詞］てください。

極めて初歩的な文型だが、ここの「動詞」はどういう形を取ればいいかよく分からなかった。その本には全く説明がなく、例文を読んでもどうやら色々なルールがあるようで見当もつかなかった。「言う」は「言ってください」なのに「歩く」は「歩いてください」、「起きる」は「起きてください」――どうやら独学ではここが限界のようだ。そもそも、ひたすら文型を覚えていくという無味乾燥な作業に私は飽きていた。そこで私が逃げ込んだのは、「活用表」の世界だった。

文型の学習書で勉強していたのと同時期に、私はある教科書も読んでいた。それはかなり時代遅れの硬い教科書で、初級の学習者を対象にしているにもかかわらず、「用言」「体言」「連用形」「連体形」といった文法用語がバンバン出てくるし、「有難う御座居ます」「出来ます」といった具合に漢字表記がなされていた。その教科書では当たり前のように、動詞と形容詞、形容動詞の活用表が載っていた。

先ほど、日本語の文法に数式的な美しさを感じたと書いたが、活用表はまさしくその極致なのだ。次ページに動詞の活用表を例に挙げよう。

日本語の動詞は五種類に分けられ、それぞれの動詞には活用しない「語幹」と活用する「語尾」がある。活用語尾には六種類の活用形があり、それぞれの活用形に続く言葉が決まってい

動詞の活用表

動詞の種類	語例	語幹	未然形	連用形	終止形	連体形	仮定形	命令形
	活用形に続く言葉		ない・ず・ぬ	ます	×	体言	ば	×
五段動詞	書く	書	か／こ	き	く	く	け	け
上一段動詞	起きる	起	き	き	きる	きる	きれ	きろ／きよ
下一段動詞	変える	変	え	え	える	える	えれ	えろ／えよ
カ行変格動詞	来る	（来）	こ	き	くる	くる	くれ	こい
サ行変格動詞	する	（す）	し／せ／さ	し	する	する	すれ	しろ／せよ

る。例えば「書く」に否定の「ない」を接続させたい場合は「書＋か（未然形）＋ない」、「変える」に仮定の「ば」を接続させたい場合は「変＋えれ（仮定形）＋ば」というふうに、言いたいことに応じて足し算をしていけばいい。

私はすぐ活用表の美しさに魅了された。何しろ一枚の表で全ての活用が網羅されているのだから、なんて論理的で、規則正しい言語なのだろう！　英語を勉強しても、こんな綺麗な活用表なんて与えられなかった。英語の動詞活用と言えば、あの忌々《いまいま》しい過去形があるではないか。基本的に「talk → talked」のように語尾に「-ed」をつければいいが、「arrive → arrived」のように元々「e」がある時は「-d」を足すことになり、逆に「stop → stopped」のように語尾の子音を繰り返さなければならない場合もある。ここまではまだいいとして、あの覚えても覚えきれない夥しい数の不規則動詞（keep→kept／run→ran／read→read）は一体全体何なのだろう。日本語の場合、不規則動詞＝変格動詞はたった二つ、「来る」と「する」だ。動詞だけでなく、形容詞や形容動詞にも同じような活用表がある。活用表さえ覚えておけば、表現の幅が飛躍的に上がるのではないか。なんて効率的！　言語学習における私の頭の良さ——あるいは小賢《こざか》しさ——は、こんな時に遺憾なく発揮された。

もちろん、今なら分かる。日本語の動詞活用とてそこまで規則正しいというわけではない。例えば「笑う」はア行五段活用動詞（笑います、笑えば、など）だが、未然形だけア行ではなくワ行になってしまう（笑わない）。また、活用表も別に全てを網羅しているわけではない。例えば、大抵の活用表では「音便《おんびん》」が捨象《しゃしょう》されているのだ。

「音便」というのは、「発音上の便宜により、語中・語尾の音が他の音に変化すること」（大辞泉）である。動詞の活用に関して言えば、主に「て形」を作る際に見られる。「て形」とは先に例に出した「A［動詞］てください」といった文型に使われる動詞の活用形で、例えば「書く→書いて」というものである。これは本来「動詞連用形＋て」という形を取るもので、例えば「書く→書きて」という形になるはずだが、現代日本語では発音しやすいように「書きて→書いて」という変化が起きている。この変化とは即ち、音便である。

動詞の「て形」（とりわけ五段動詞）に関するルールは煩雑である。以下に整理してみよう。

■五段動詞

・語尾が「う・つ・る」のもの：促音便《そくおんびん》「－って」

例：吸う↓吸いて↓吸って

打つ↓打ちて↓打って

走る↓走りて↓走って

★例外：問う↓問うて

・語尾が「ぬ・ぶ・む」のもの：撥音便《はつおんびん》「－んで」

例：死ぬ↓死にて↓死んで

飛ぶ↓飛びて↓飛んで

読む↓読みて↓読んで

・語尾が「く」「ぐ」のもの：イ音便「－いて」「－いで」

例：歩く↓歩きて↓歩いて

泳ぐ↓泳ぎて↓泳いで

★例外：行く↓行って

・語尾が「す」のもの：音便が起きない

例：話す↓話して

■上一段動詞、下一段動詞：連用形＋て（「る」を取って「て」をつける）
　例：沁みる↓沁みて
　　忘れる↓忘れて
■変格動詞：連用形＋て
　例：来る↓来て
　　する↓して

このように、「て形」を作るためにはまず動詞の種類を判断しなければならず、「五段動詞」に該当する場合は例外に注意しながら、その語尾に応じて適切な音便を選択しなければならない。日本語母語話者なら無意識に、しかも瞬時に行っているこの複雑な作業を、学習者は知識として頭に叩《たた》き込み、何度も何度も練習し、自動化させる必要がある。動詞の活用、それは五十音に続き、日本語学習者の前に立ちはだかる第二の難関である。

「て形」を習得したのは高校時代だった。中学を卒業した後、私は田舎を離れ、地方都市の高校に入学した。それに伴って、家を借りて一人暮らしを始めた。それは初めての都会暮らしで、四畳半程度の狭い部屋、バスもトイレも共用という快適とはとても言えない環境だったが、それでも、田舎とは全く異なる都会の華やかさと賑《にぎ》やかさに、私はすぐ惹《ひ》きつけられた。都会は機会と選択肢に満ち溢《あふ》れている。何かを習おうと思えば大抵それを教える教育施設があり、何かを買いたいと思えば大抵それを売っている店がある。その利便性と資源の多さに眩暈《めまい》がしそうになり、それと同時に、田舎生まれであることで、自分は一体どれだけの機会と選択肢を奪われていたのかを改めて思い知らされた。

高校の授業の傍らに、私は夜の時間を使って週に一回から二回の頻度で日本語学校に通い、本格的な日本語教育を受け始めた。教師は中国語が少しできる日本人で、教材はかの有名な『みんなの日本語』だった。

本格的な日本語教育を受けてみて、いくつかの点で戸惑いを覚えた。まずは用語の違いである。それまで私は独学で「五段動詞」や「一段動詞」、「連用形」や「終止形」といった文法用語を覚えていたが、日本語教育の現場ではそれらが全く出てこなかった。動詞の種類については「Ⅰグループ」「Ⅱグループ」「Ⅲグループ」と呼んでいた。それぞれ国語学の「五段動詞」「一段動詞」「変格動詞」に相当するが、そうした用語は使われていなかったのだ。また、動詞の活用形についても「ます形（書きます、読みます）」「て形（書いて、読んで）」「ない形（書かない、読まない）」と分かりやすく呼んでいた。

次に戸惑いを覚えたのは、動詞の導入の仕方だった。独学時代、私は動詞を「終止形」で覚えていた。これは英語で言う「原形」で、単語帳や辞書に載っている形でもあるので、本来ならこちらから入るのが正道だと思われた。活用形を作る時も終止形から出発して考えていた。

ところが日本語学校では、動詞は終止形ではなく「ます形」から教えていた。「ある、いる、書く、読む、来る、する」ではなく、「あります、います、書きます、読みます、来ます、します」という形をデフォルトとして覚えさせられ、活用形を作る時もこれらの形から出発していた。逆に「終止形」は、随分後になってから、辞書に載っている形ということで「辞書形」として教えられた。

日本語母語話者から見れば（そして当時の私から見れば）ややもすれば変てこに映るこの教え方は、実は実用的な目的に基づいている。要するに、日本語を学習する人の多くはすぐにでも日本語を使う必要がある人たちである。そういう人たちの日本語の使用場面はほとんどの場合、小説や学術論文の執筆などではなく、学校や会社、バイト先での会話である。そんな場面で「普通形／常体／タメ口」で喋《しゃべ》るのはまずい。とはいえ、いきなり「召し上がる、申し上げる、ございます」のようないわゆる「敬語」を教えるのも難し過ぎる。だからこそ、日本語教育の現場ではまず失礼のない「ます形／敬体／丁寧語」を教えるのである。

もちろん、当時の私はそんな実用的な目的を理解していなかった。何度も書いたが、私が日本語を勉強したのは実用的な目的のためではなく、ただ日本語が好きだからだ。辞書にも載っていないし、明らかに原形ではない形をデフォルトとして覚えさせられるのには違和感があり、私はいつも自分なりに終止形に直し、教科書にメモしていた。

ところで、「て形」にしろ他の活用形にしろ、日本語では動詞を活用するためにはまず動詞の種類を判断しなければならない。「動く」「教える」「変える」「眠る」「来る」——これらの動詞が五段動詞か一段動詞か変格動詞か分からないようでは、どのように活用すればいいか学習者には分からないわけである。動詞の種類はどうやって判断するのか、読者諸氏は考えたことがあるだろうか？　実は、「辞書形」をデフォルトとして考える場合と、「ます形」をデフォルトとして考える場合とで、その手順は全く異なる。

変格動詞は分かりやすい。「来る／来ます」と「する／します」という二語だけだから、覚えておけばいい。問題は五段動詞と一段動詞の違いだ。

「辞書形」をデフォルトとして考えた場合、どこで聞いたか覚えていないが、「漢字で書くと送り仮名が一文字なのは五段動詞で、二文字以上なのは一段動詞だ」という説明を聞いたことがある。例えば「動く」「眠る」は五段動詞で、「教える」「変える」は一段動詞だ。この判断の仕方はザルである。確かに当てはまる例も多いが、例外は死ぬほどある（分かる、隔たる、寝る、見る、着る）。それに、一般的に漢字で書かない動詞だってたくさんある。

より厳密な判断の仕方はこうだ。

①動詞の一番最後の音が「る」でないものは、例外なく五段動詞である。例：読む、死ぬ、志す。

②一番最後の音が「る」であり、その前の音が「イ段・エ段」でないものは、例外なく五段動詞である。例：分かる、取る、奉る。
③一番最後の音が「る」であり、その前の音が「イ段・エ段」であれば、大抵一段動詞である（イ段の場合は上一段動詞で、エ段の場合は下一段動詞）。例：食べる、着る、信じる、試みる。
④例外的に、③に当てはまるが五段動詞であるものもある。これは一つひとつ覚えるしかない。例：切る、帰る、走る。

一方、「ます形」から判断する場合、プロセスはこうだ。

①「ます」の前の音が「エ段」のものは、例外なく一段動詞である。例：食べます、忘れます、鏤《ちりば》めます。
②「ます」の前の音が「イ段」であり、かつ、「ます」を除くと一音節しかないものは、例外なく一段動詞である。例：見ます、着ます。
③「ます」の前の音が「イ段」であり、かつ、「ます」を除いて二音節以上あるものは、大抵五段動詞である。例：切ります、分かちます、承ります。
④例外的に、③に当てはまるが一段動詞であるものもある。これは一つひとつ覚えるしか

ない。例：起きます、降《お》ります、借ります。

このように、両者は全く異なるプロセスだから、「辞書形」で動詞を覚えていた人がいきなり「ます形」をデフォルトとして教えられれば、混乱するのも無理はない。そして、どちらから判断しても覚えなければならないプロセスが複雑で、しかも一定数の例外が発生する。日本語学習者にとって動詞の活用が難関なのはそのためであり、多くの学習者はここで挫折し、やめていくことになる。しかし、日本語学習において、動詞の種類の判断はまだほんの入り口であり、いわば基本のキである。未然形、連用形、命令形、可能形、使役形、受身形など、ありとあらゆる活用形は、動詞の種類を判断しなければ始まらない。

ここで「未然形、連用形、命令形、可能形、使役形、受身形」とさらっと書いたが、本当は「未然形、連用形、命令形」と「可能形、使役形、受身形」とで、レイヤーがやや異なる。

例えば「変える」の未然形「変え」には「ない」や「ず」を接続させ、「変えない」「変えず」にすることはできるが、動詞の活用はそこで終わっている。「変えない」を更に「変えなければ・ば」というふうに活用させることもできるが、「なけれ（ば）」は「変える」の活用形ではなく「ない」の活用形（仮定形）である。「変える」の未然形「変え」を、更に連用形にすることはできない。

一方、「変える」の可能形は「変えられる」であると、日本語教育の現場では教えられている。この「変えられる」は、いわば別の新しい動詞（下一段動詞）になり、更に活用させることができる。「変えられる」の未然形は「変えられ・ない」で、連用形は「変えられ・ます」である。

要するに、「未然形の連用形」を作ることはできないが、「可能形の連用形」を作ることができるのだ。

それもそのはず、何故なら未然形や連用形は国語学の用語であり、可能形や使役形は日本語教育の用語だからだ。未然形といった国語学の用語は、動詞（厳密には「用言」）そのもの（語幹＋語尾）の形につけられた名前であるのに対し、可能形といった用語は最初から「動詞＋助動詞」というセットで定義されている。例えば「変えられる」は、国語学的には「変え（連用形）＋られる（可能を表す助動詞）」でできている。同じように、「読む」の受身形「読まれる」は、本当は「読ま（未然形）＋れる（受身を表す助動詞）」である。つまり、「可能形」「受身形」は本来、一つの「活用形」ではなく、更に分解できるものなのだ。活用表や国語辞典の見出し語に「連用形」があるのに「可能形」などがないのは、そのためである。しかし日本語学習者に国語学的な分析を教えるのは難しいため、教科書などでは「可能形」「受身形」「使役形」という形として教えている。

この教え方は、可能形について特にメリットがある。何故なら、現代日本語には「可能動詞」という厄介なものが存在しているからだ。「書ける、読める、走れる、話せる、運べる、死ねる」などがそれである。

本来、「何かをすることができる／何かをする能力を持つ」という意味を表す「可能表現」は、「行か・れる」「変え・られる」のように「動詞未然形＋可能を表す助動詞（れる・られる）」という形を取る。しかし現代日本語では五段動詞に限って、「行く→行ける」のような表現が存在する。「行ける」は国語学的にはこれ以上分解できないものなので一つの動詞として見なされ、旧来の「可能表現」と区別し「可能動詞」と呼ばれている。原因は分からないが、「可能動詞」が存在するのは「行く」「書く」「読む」のような五段動詞のみで、一段動詞や変格動詞には対応する可能動詞が存在しない。

日本語学習者に可能動詞と可能表現の違いを教えるのは難しく、実益性も低い。そのため、五段動詞（行く）については対応する「可能動詞（行ける）」を、一段動詞（変える）と変格動詞（来る）については「可能表現（変えられる、来られる）」を取り上げて、「可能形」として教えるというのが日本語教育のやり方である。五段動詞の可能表現（行かれる）は今ではあまり使われなくなっているため、教育現場ではほぼ教えられていない。

日本語学校に一年、二年と通い、習得レベルが上がっていくにつれ、日本語の文法は数式みたいだなとつくづく思った。中心となる語があり、言いたいことに応じてどんどん助詞や助動詞といった要素を足していき、後ろに来る要素が次々と前の要素に影響を及ぼしていくという点が、非常に論理的かつ数学的に感じられた。

例えば、「Aが薬を飲む」という文は単に、Aが「薬を飲む」という動作をするということを表現している。これに使役を表す「せる」をつけて「Aが薬を飲ませる」と言うと、Aが誰かに「薬を飲む」という動作を強要するというふうに読める。更に受身を表す「られる」をくっつける（「Aが薬を飲ませられる」）と、Aが誰かから「薬を飲む」という動作の強要を受けている、ということが表現できる。このようにどんどん要素を足していくのが日本語の特徴である。

（薬を）飲む
↓飲ま・せる（使役）
↓飲ま・せ・られる（使役＋受身）
↓飲ま・せ・られ・かける（使役＋受身＋始動）
↓飲ま・せ・られ・かけ・ている（使役＋受身＋始動＋継続）
↓飲ま・せ・られ・かけ・てい・た（使役＋受身＋始動＋継続＋過去）
↓飲ま・せ・られ・かけ・てい・た・そうだ（使役＋受身＋始動＋継続＋過去＋伝聞）

発話したり文章を書いたりする時はこのように要素を足していくが、話を聞いたり文章を読み解いたりする時は、逆に分解していく必要がある。古文の読解で品詞分解をしなければならないのは、まさにそのためである。

随分後になり、言語学を学んで知ったことだが、日本語がそうした性質を持っているのは、日本語が「膠着語《こうちゃくご》」の一つだかららしい。言語類型論では、世界中の言語を膠着語、屈折語、孤立語、抱合語の四種類に分類している。膠着語とは、「実質的な意味をもつ独立の単語に文法的な意味を示す形態素が結び付き、文法的機能が果たされる言語（大辞泉）」のことだが、前文の例で言うと、「飲む」は「実質的な意味をもつ独立の単語」であり、「せる」「られる」「かける」「ている」「そうだ」は「文法的な意味を示す形態素」である。

中国語と英語は違う。中国語は孤立語に、英語は屈折語に分類される。屈折語とは「単語の実質的な意味をもつ部分と文法的な意味を示す部分とが密接に結合して、語そのものが語形変化することにより、文法的機能が果たされる言語」のことで、孤立語とは「単語は実質的意味だけをもち、それらが孤立的に連続して文を構成し、文法的機能は主として語順によって果たされる言語」のことである（どちらも大辞泉より）。

例を挙げてみよう。

（日本語）

①彼は文章を書く。
②彼は文章を書いている。（進行形）
③彼は昨日文章を書いていた。（進行形＋過去形）

日本語は助動詞などをどんどんくっつけることで文法的機能を示す膠着語であることは前述した通りだが、この三つの例文を英語と中国語にすると、以下のようになる。

（英語）
①He writes articles.
②He is writing articles.
③He was writing articles yesterday.

（中国語）
①他寫文章。
②他在寫文章。
③他昨天在寫文章。

英語では進行形と過去形は語形変化によって示されていることが分かる。特に②については、単語の実質的な意味を持つ部分「write」と、文法的な意味を示す部分「-ing」は、まさに密接に結合しており、解析不可能な一語になる。一方で中国語は語形変化もしなければ、文法的接辞もくっつけたりしない。進行形を示す「在」は接辞ではなく独立した語であり、動詞の前に置くことで文法的機能を果たしている。また、中国語には時制がないため、過去形はもっぱら「昨天（昨日）」という時間副詞で示されている。そのため、中国語の古文（漢文）を読み解く際に古い単語と文型の知識が必要になるが、品詞分解のような作業はしない。

日本語は私が学んだ最初の膠着語であり、それまで知っていた中国語とも英語とも違っていたからこそ、不思議な発見に満ちていた。数式的な美しさを持つ日本語の文章を書いたり読み解いたりすることは、パズルを組み立てたり解いたりすることにも似て、今でも私はその作業に夢中にならずにいられない。

＊1　この議論に深く立ち入ることは避けるが、日本語の「は」が示すのは「主語」ではなく「主題」であるとする説が有力で、私もそのように理解している。「主題」という概念は、中国語や韓国語の構文を理解するのにも役に立つ。

凡人なりの努力

私は語学の天才ではない。日本語を第二言語として習得し、小説を書き、芥川賞まで取ったという私の経歴を知ると、私に「天才」というレッテルを貼りたがる人たちもいるが、それはたぶん、間違いだ。常人にはできないようなことを成し遂げた人間を「天才」と表現することで、人々は安心する。自分の出来が悪いのではない、あの人たちが異常に出来がよかったのだ、というふうに。しかし「天才」という言葉は往々にして、当人たちの気が遠くなるほどの努力を無化してしまう。

私は語学の天才ではない。実際、私が自由に操れる言語は中国語と日本語しかない。英語も少しは話せるが中途半端で、韓国語は習ったことがあるが難しくて諦めた。本当に天才ならば、もっと簡単にいくつもの言語を手にしてしまってもよかったのではないか。

人間は元来、言語習得には向いていない生き物だ。現生人類であるホモ・サピエンスが台頭したのは今から約十万年前のことであり、王国や帝国といった大規模な社会を作り上げたのは僅か六千年前のことだ。十万年や六千年、それは生物の進化である三十八億年と比べればあまりにも短く、そんな短期間では遺伝子の変異をはじめとする進化のプロセスは起こりようがない。つまり、エアコンがきくオフィスに座って仕事したり、新幹線に乗って高速移動したり、月に着陸したりする私たち現代人の遺伝子や身体構造は、荒野を走り回り狩猟採集をしていた十万年前の人類とは大差がない。

狩猟採集民のほとんどはその生涯において限られた人数の人としか出会わないし、異言語を話す人間と意思疎通する必要もないので、新しい言語を習得する必要性が低い。そのためか、人類は進化の歴史において、成人するにつれて言語習得能力を喪失していくようにできている。その方が進化のプロセスに照らして合理的だ。言語習得に費やされる脳のリソースを別の事柄に使え、生存競争に有利だからだ。人間は成長すると、脳の一側化と呼ばれるプロセスによって左脳と右脳が分化し、言語習得能力が低下する。脳の一側化が完成するのは十一、十二歳くらいの頃なので、この時期は「言語習得の臨界期」とも呼ばれる。

私もまた脳の一側化に抗《あらが》えない凡人である。私にできるのはこつこつと努力し、数え切れないほどの単語と文法項目を素朴に積み上げることで、進化のプロセスがもたらした制約に最大限抵抗することだ。他の言語ならいざ知らず、日本語に関してだけ、私は幸運にも抵抗に成功し、生物決定論の罠《わな》に嵌《は》まらずに済んだ。

中学の独学時代は振り返ると、控え目に言っても「遊んでいた」に過ぎない。もちろん、遊びは大事だ。一年半くらいの時間をかけて、好きなアニソンなどでゆっくり五十音や基礎的な単語・文型を覚え、心ゆくまで日本語と戯れる時間があったからこそ、私は日本語への愛を育むことができた。もしそんな時期がなく、いきなり日本語学校の教室に放り込まれていたら、そこまで日本語が好きになったかどうかは謎だ。恋というのは始まりのインパクトが肝心である。とはいえ、どんなに熱く盛り上がった恋でも時間が経つにつれ、互いにすり合わせる必要が出てくる。私にとって高校時代がそれである。

ひとたび自転車に乗れるようになると、「自転車に乗れない」状態がなかなか思い出せないのと同じように、今となっては「日本語がそんなにできなかった」時代の自分を思い出すのは簡単なことではない。それでも、当時使っていた教科書が一つの手がかりになる。『みんなの日本語』という世界中で広く使われる日本語の教科書の「初級編」は計五十課あり、台湾では四冊に分けて販売されていた。教科書を四冊分勉強してはじめて、当時の日本語能力試験の三級（現在の制度ではN４相当）のレベルになる。[*1] では、教科書にはどんなことが書いてあったのだろうか。

第一課から第十三課まではもっぱら名詞文や形容詞文、そしてほとんど活用しない動詞文が扱われている。例の難しい「て形」が導入されるのは第十四課であり、以降、「て形」を使った文型が続々と紹介される。「〜てください」「〜ています」（第十四課）、「〜てもいいですか」

「～てはいけません」（第十五課）、「～て、～て、～します」「～てから、～します」（第十六課）。否定を表す「ない形」が導入されるのは第十七課で、「～なければなりません」「～ないでください」「～なくてもいいです」もここで紹介される。ほかにも「～ことができます」（第十八課）、「～たことがあります」「～たり、～たりします」（第十九課）が教えられ、第二十課になってようやくいわゆる「タメ口」（教科書では「普通形」と呼ばれる）が導入される。それからも「～と思います」「～と言いました」（第二十一課）、「～たら」（第二十五課）、「～しか～ません」（第二十七課）、「～てしまいました」（第二十九課）、「～かもしれません」（第三十二課）、「～ば～ほど」（第三十五課）、「～やすい」「～にくい」「～すぎます」（第四十四課）というふうに、一課ごとに学習すべき文型と文法項目がある。そして初級レベルの結びとなる第四十九課から第五十課は、いわゆる「敬語」つまり尊敬語、謙譲語、丁寧語を学ぶわけである。

このように気が遠くなるほどの積み上げの過程を経て、ようやく「初級」を卒業し「中級」に入るのだ。にもかかわらず、これらを全部習得し、N4相当の日本語能力を身につけたとしても、表現の幅はまだまだ狭く、自由に意思疎通ができるとは言い難い。このレベルの学習者と会話すると、ほとんどの日本語母語話者は相手が「日本語が不自由な人」だと感じるだろう。

私もそんな日本語が不自由な人の一人だった。しかしまだ若かったこともあり、日本語に関しては自分の不自由さをものともしない図太さが当時の私には備わっていた。母語と比べて表現の幅が限られているのは重々承知で、それでもとにかく教室で学んだ日本語を実際に使ってみたいと思った。教室での会話はいつも教科書に沿った定型文のやり取りしかないし、心なしか先生も生徒に理解できるよう、あえて簡単な文法と単語しか使わないようにしていたと感じて、それが物足りなかった（ちなみに、このような学習者に配慮した話し方は「ティーチャー・トーク」という）。もっと生の日本語に接してみたい、教室の外で日本人と会話してみたい、と強く思ったのだ。

しかし、台湾の一高校生でしかなかった私には日本人の友人も知り合いもいなかった。日本語学校のクラスメイトは（申し訳ないが）概して私よりレベルが低く、会話の練習相手にはならなかった。SNSもない時代だから友達を作るのは難しいし、そもそも首都の台北ならまだしも、地方都市では日本人は希少種だ。日本語への欲求不満を溜め込んでいた私は、今では考えられないような行動を何回か取ったことがある。

日本人っぽい人を見かけると誰かれ構わず話しかけたのだ。

今でも微《かす》かに覚えているエピソードが二つある。一つはデパートのエレベーターの中だった。日本語で会話していたビジネスマン風の男性二人組に、私は恐る恐る後ろから「こんにちは」と日本語で話しかけた。すると二人は驚いて振り返り、「日本人ですか？」と訊《き》いてきた。「いいえ、台湾人です」と返事すると、「へえ、日本語できるんですね」と言われ、「日本語を勉強していますから、少しできます」と舌足らずな日本語で説明すると、二人組はほっこりした様子で互いを見合わせ、「ああ、台湾人だ」と言い、そして私に微笑《ほほえ》みかけた。「日本語ができる台湾人」

なぜこんな些細《ささい》なエピソードをはっきり覚えているかというと、「日本語ができる台湾人」という最後の一文には「連体修飾」という文法項目が使われているからだ。当時、授業では連体修飾がまだ教えられていなかったが、私は勝手に教科書を読み進めて覚えた（私はよくこんなふうに抜け駆けし、授業の進捗《しんちょく》より先回りしたレベルの質問をして先生を困らせた）。だからこそ、生の日本語で理解できる使用例に出合って嬉《うれ》しかったのだ。

もう一つは、ジュンク堂か紀伊國屋書店か覚えていないが、台湾でもビジネス展開している日系の書店での出来事だった。日本語の本は高く、学生時代の自分には到底買えなかった（買ったとしても当時の自分の日本語力では読めなかった）が、日本語の本を売るコーナーを見て回るのは好きだった。一回だけ、日本語の本を立ち読みしている人に思わず話しかけたことがある。「こんにちは、日本人ですか？」と言ったと思う。

「えっ？」

相手はかなり年配の男性で、耳が遠いのか、大きな声でそう訊き返してきた。私はびくっとし、さっきより少し大きい声で繰り返した。「すみません、あなたは日本人ですか？」

すると、相手はいきなり大声で何かを長々と喋《しゃべ》り始めた。年配の男性ということもあり、早口で、発音も不明瞭で、恐らく話している内容も難しく、とにかく当時の私には聞き取れなかった。

相手が言ったことを何ひとつ理解できなかったので、私はおそるおそる、「すみません、もう一度」と言った。

「えっ？　もう一度なに？」と相手が訊いた。

さっきの発話をもう一度繰り返してほしいというこちらの要望が伝わらなかったようなので、自分の言い方が間違っているのではないか、相手を怒らせたのではないかと心配しながら、私は「日本語、分かりませんでした。ゆっくり、もう一度」と言った。

「もう一度なに？」相手はやはり理解できないようで、繰り返し訊いた。

ようやく意図が伝わってから、相手は「『もう一度』じゃ分からないよ。『もう一度言ってください』と言わないとダメ。『もう一度言ってください』。分かった？」という趣旨のことを言い、ご親切にも「もう一度言ってください」という文を紙に書き、振り仮名も添えて半ば押しつけるように握らせてくれた。私は恐縮し、ペコペコしながら逃げるようにその場から退散した。

今にして思えば、あのおじいさんは恐らく日本人ではなく、日本語世代の人、つまり日本統治時代の台湾で日本語教育を受けた台湾人ではないかと思う。おぼろげな記憶だが、彼の発音は台湾の日本語世代に特有の訛《なま》りがあるように思われたし、喋り方も行動様式も台湾人っぽかった。とはいえこれは勝手な推測に過ぎず、本当のところどうなのかはよく分からない。

いずれにしても、当時の自分の図太さを思い出すと、穴でも掘って入りたいくらい恥ずかしい気持ちになるが、同時に褒めてやりたい気持ちにもなる。本当は内気で繊細で、傷つきやすく、人付き合いが苦手な性格なのに、文学と日本語に関してだけはどこまでも図太くなれたあの時の自分がいたからこそ、今の自分がいる気がする。そう思えば、凡人でも凡人なりに馬鹿な努力をしていた自分のことが少し微笑ましく思えてくる。あるいは天才というのは、努力ができる凡人のことなのかもしれない。いきなり見ず知らずの女子高校生に話しかけられてびっくりしたであろう方々には申し訳ないけれど。

＊1　日本語学習者の日本語能力を測る「日本語能力試験（ＪＬＰＴ）」は世界中で最も広く使われている試験で、留学や就職でも求められる資格である。昔の日本語能力試験は最下級の四級から最上級の一級までだったが、二〇一〇年に制度が改定され、最下級のＮ５から最上級のＮ１となった。「旧試験四級＝新試験Ｎ５」「旧試験三級＝新試験Ｎ４」は初級で、「旧試験二級≒新試験Ｎ３、Ｎ２」は中級で、「旧試験一級≒新試験Ｎ１」は上級である。日本企業への就職における日本語能力のハードルは高く、ほとんどの企業はＮ１相当のレベルを求めているため、Ｎ４程度の資格を持っていてもほとんど使い物にならないのが実情である。

手の焼ける生徒なのだ

「先生！『日本に行きたいんだ』の『んだ』って、どういう意味ですか？」
もし日本語学習者からそう質問されたら、読者諸氏はどう答えるだろうか？

日本語学校に通っていた時期、私はよく授業の進捗《しんちょく》を先回りし、まだ教わっていない課のテキストを勝手に読み進めたり、教科書以外でも漫画や歌詞、ネットなど、様々なところで生の日本語に接したりしていた。なので、授業では（まだ）扱っていないことについて質問し、先生を困らせることも日常茶飯事だった。

ある日、私は『ポケットモンスター』の主題歌「アドバンス・アドベンチャー〜Advance Adventure〜」の歌詞を読んで、首を傾《かし》げた。日本語のレベルが上がるにつれ、一編の歌詞の中で読解できる部分もかなり増えたが、まだまだ謎に見える表現が多い。

例えば「新しい街で ト・キ・メ・ク仲間 探していくんだよ」という文。「新しい」「街」

「仲間」「探す」など主要な単語は全部分かる。「ト・キ・メ・ク」にはなぜ点（中黒《なかぐろ》という名称を当時は知らなかった）が入っているかは謎だけどあまり重要ではなさそうだ。「よ」については、文末につけて口調や感情を表現する助詞が中国語にもあるからその類だと容易に推測できる。しかし、この「んだ」って一体何なんだ？　ちゃんとした単語ではなさそうだし、なくても意味は変わらなそうだが、なぜ入っているのだろう？　どういう意味だろう？　しかもここだけでなく、「んだ」は色々なところで登場してくる。これはぜひ解き明かしたい謎だ。

ということで、先生のところに歌詞を持っていって質問してみた。ずばりと「こういう意味だよ」と答えが返ってくるのかと思いきや、先生は困った表情を浮かべながら、

「これは……意味はたくさんあります」と口ごもってしまった。

「じゃ、ここではどういう意味ですか？」と私は食い下がった。同じ単語や表現でも文脈が違えば意味やニュアンスが変わることはしょっちゅうある、それは理解できるが、せめて目の前のこの歌詞という限定された文脈での意味を知りたいと思った。

「うーん……難しいですね」

先生の苦しげな顔を見て、私は少しいらつきを覚えた。日本人だろう？　教師だろう？　なんで分からないんだ？　これは（一応）子供向けアニメの歌詞にも出てくる表現なのだから、そんなに難しいはずがなかろうに！　と、先生の教師としての素質を疑い始める次第。

結局、ここの「んだ」は「強調」のニュアンスだという説明を受け、なんだか釈然としない

まま引き下がることにした。強調？「んだ」は「探していく」を強調しているのか？なんで強調するんだ？　強調するなら「探していく！（感嘆符）」「探していくよ！」でいいのではないか？

話は一旦逸《そ》れるが、ここの「んだ」について「強調」と説明するのは、もちろん間違いではない。ただし、そういう説明は学習者にとってほとんど意味を成さないというのもまた事実である。なぜなら、「強調」で説明できる文法項目は初級から上級まで、実に無数にあるからだ。「無数にあるからだ」は「無数にあるから」と比べて口調が強いという意味で、ここの「だ」もまた「強調」として説明できる。ほかにも、

・私は野菜は食べたくない。（「野菜」を強調、「他のものなら食べる」と含意）
・京都へは彼が行く。（他の人ではなく「彼」であることを強調）
・そのことは誰もが知っている。
・子供は一人も／一人として死なせない。
・家から大学まで三時間もかかる。
・今年こそ医学部に入るぞ。
・何人《なんぴと》たりともここに入ってはいけない。
・この日を何年待っていたことか。

・金など／なんて／なんぞ／なんかくれてやる。
・生きる希望さえ失った。
・先生ですら解けない難問。
・こんな事件が起きるなんて想像だにしなかった。
・あの人、横領までして、よっぽど切羽詰まったのだろう。
・初対面の人からいきなりタメ口で話しかけられるなど、不愉快極まる。
・こんな立派な賞をいただくとは光栄の至りだ。
・これは私と彼女の問題だ、口を挟むんじゃない。（そう、傍点も強調だ）

右に挙げた例はほんの一部に過ぎないが、これだけ多彩な「強調」表現があるのだから「強調」とだけ説明しても、実質的に何も説明していないのに近い。この表現とあの表現はどう違うのか、どのように使い分けるのかまでフォローしないと、学習者は使えるようにならない。とはいえ、これらを説明するのはもちろん、至難の業だ。

話を「んだ」に戻そう。今なら、あの先生が回答に苦慮したのも理解できる。「〜んだ」（およびその類似形「〜のだ」「〜んです」「〜のです」「〜んである」「〜のである」など）というのは恐らく無数にある日本語の文型の中で、最も複雑で、最も説明しづらく、使いこなすのが最も難しい項目と言えるかもしれない。難しいのにあまりにも頻繁に登場するから（ここまでの原稿で何回使ったか数えてみるといい）、初級段階で導入しなければならない。したがって、学習者から誤用が頻発するのも想像に難くない。

自分の名前を相手に伝える、自己紹介の場面を想像してみよう。ある学習者があなたに対し、このように自己紹介したとする。

①私の名前は李琴峰です。宜《よろ》しくお願いします。

②私の名前は李琴峰なんです。宜しくお願いします。

日本語母語話者なら誰でも、②の言い方は不自然だと感じるはずだ。実際にこう言われたら、なんだか押しが強そうなイメージがあるし、人によっては自分が責められている（ひょっとしたら自分は知らぬ間に相手の名前を間違えていたのかな？ と思ってしまう）とすら感じるかもしれない。しかし「〜んだ」は「強調」のニュアンスだとしたら、学習者からすれば、自分はただ相手に名前を覚えてもらいたくて、それで「強調」の文型を選んだに過ぎないのかもしれない。こう言うと「押しが強いイメージを与える」とか「相手を責めているように聞こえてしまう」といった認識は、学習者にはないはずだ。では、そんな学習者に対して、あなたならどう説明するのだろうか？ 「自己紹介でそんなに強調する必要はない」って？ いや、でも自分の名前じゃん！ 自分の名前は強調したいじゃん！

『教師と学習者のための日本語文型辞典』（グループ・ジャマシイ編著、くろしお出版。ちなみに、この辞典は学部時代に購入してから、十何年にわたってずっと手元に置いて重宝してい

る、極めて参考になる資料である）を開いてみると、「〜のだ」の項目に、

①説明
②主張
③疑問詞〜のだ：説明の要求
④つまり〜のだ：言い換え、結論
⑤だから〜のだ：前の文で述べた事柄を根拠に帰結を導き出す
⑥〜のだから：ある事柄を事実として認め、それを原因・理由として次の事柄を導き出す

という六つの意味・用法が紹介されている（「強調」という語は用いられていない。なお、コロン以降の説明は筆者による要約である）。同書からそれぞれ例文を一つずつ、左に引いてみよう。

①泰子は私のことが嫌いなのだ。だって、このところ私を避けようとしているもの。
②誰がなんと言おうと私の意見は間違っていないのだ。
③彼は私を避けようとしている。いったい私の何が気に入らないのだ。
④防災設備さえ完備していればこのようなことにならなかった。つまりこの災害は天災ではなく人災だったのだ。
⑤コンセントが抜けている。だからスイッチを入れてもつかなかったのだ。
⑥まだ子供なのだから、わからなくても仕方がないでしょう。

ここまで見たら、自己紹介の場面で「私の名前は李琴峰なんです」がなぜ不自然かは、およそ見当がつきそうだ。「〜のだ」が使われる場面は、根拠から導き出された結論や、話し手による主張や詰問など、話者の主観的な判断や感情が入っていることが多い。「私の名前は李琴峰です」というのは単なる事実の陳述なので、「〜のだ」という文型はそぐわない。このような場面で「〜のだ」を使ってしまうと、聞き手は余計なニュアンスを聞き取ってしまう。

なるほど、「〜のだ」には六つも意味があるんだね、道理で難しいわけだ。と、納得するのはまだ早い。「なるほど、『〜のだ』には六つも意味があるんだね」という文の「んだ」はこの六つのうちのどれに当てはまるか考えてみよう。明らかに「①説明」でもなければ「②主張」でもない。これまでの説明を受けて帰結を導き出すという意味では⑤に近い気もするが、「帰結を導き出す」というより、ここでは単に言われたことについて一人で「納得」しているようにも感じられる。もしかしたら「⑦納得」という七つ目の意味を確立させることができるかもしれない。

また、

⑧先週京都に行ってきたんだけど、紅葉めっちゃ綺麗《きれい》だったよ。

のような例文の「んだ」は、これまで挙げた七つの説明のどれにも当てはまらない。『日本語文型辞典』ではなぜか前述の六つの意味・用法とは別の見出しで、このような用法を「話題のきっかけ」と名付け、「新たな話題を提出するときのきっかけを作るために、その話題の背景となることがらを表すのに用いる」と説明している。これで八つの説明が揃《そろ》った。ドラゴンボールよりすごい。

これで終わりだと思ったら、甘い。「〜のだ」から派生した文型はまだまだ無数にあり、その意味・用法も「〜のだ」単体の時とは大いに異なる。「〜のなら」「〜のだった」「〜のだったら」「〜のだろう」「〜のだろうか」「〜のではないか」「〜のではないだろうか」、挙げ出したらキリがない。思うに、日本語で一番難しいのは単語でも発音でも敬語でも動詞活用でもなく、このように似ている無数の文型をきちんと区別し、使い分けることだ。

意味・用法もさることながら、使う場所と頻度も難しい。学部時代、私は早稲田大学に一年間交換留学していた（ちょうど東日本大震災の直後だった）。留学中、日本語学者の石黒圭《いしぐろけい》先生（現在は国立国語研究所教授）の「文章をみがく」という授業を受講した。受講生はほとんど日本語母語話者だった。何か高度な文章技術や文学的表現を教える授業かと思えばそうではなく、日本語学の観点から日本語の文章の様々な要素――句読点、語順、仮名と漢字の書き分け、主語の省略、接続詞、段落など――を分析する講義だった。授業では様々な作家が書いた文章を一部だけ抜き出し、その回のテーマに沿ってアレンジして選択肢を作り、自分ならどうするかを受講生（ざっと百人から二百人くらい）に答えさせ、そこから得られた量的データを基に日本語の文章の特徴を分析していくという進め方である。例えば「句読点」がテーマだったら、先生のほうであらかじめ原文から句読点を全部抜いて、どこで句読点を打つかを受講生に記入させた。「仮名と漢字の書き分け」だったら、全部仮名文字にし、漢字で書く箇所を受講生に選ばせた。そのうちの一回のテーマが、「〜のだ」だったのだ。
「『のだ』のさじ加減」と題されたその回の授業は、一連の文章のどこに「のだ」を使うかを受講生に選ばせ、統計データを取った。結果、母語話者でも「のだ」を使う箇所にそれなりにばらつきがあることが分かった一方、ある程度の傾向も見られた。[*1] 当時の私は日本語が既にかなり上達していて、「上級」より上の「超級」レベルに当たり、日本語能力試験のN1もほぼ満点の成績で合格していた。にもかかわらず「のだ」に関しては、母語話者に見られた傾向からやはり何か所かずれていたと記憶している。それくらい、「のだ」は難しいのだ。「のだ」という文型だけを扱う日本語学や日本語教育学の論文は数知れずあり、専門的な研究書も何冊もある。

そんな難しい文法項目についていきなり質問されたのだから、日本語学校の先生が困ったのも無理はない（日本語教師は必ずしも日本語学の専門家ではない。日本語教師の資格については「最適じゃないほうの」章に詳述）。とはいえまだ初級段階のいち学習者だった私にはそんな事情を知る由《よし》もなく、先生の解説が腑《ふ》に落ちず、なんとなくごまかされたような気持ちになった。

「のだ」だけでなく、思い返せば、私が先生にぶつけていた質問の数々は実に多彩で、時に挑戦的ですらあった。

「『新しいビルができる』と『新しくビルができる』はどう違いますか？」

「この間、『する』がつくⅢグループの動詞はみな漢字二文字だとおっしゃいましたが、『律する』『核分裂する』『乱反射する』はどう説明しますか？」

「（形容詞の活用表を手にしながら）表によれば形容詞『面白い』の意向形は『面白かろう』になりますが、合っていますか？　これは『面白いでしょう』の意味ですよね？　どう違いますか？」

「（『厚顔無恥』『支離滅裂』『羊頭狗肉《くにく》』『臥薪嘗胆《がしんしょうたん》』『後顧之憂《うれい》』『画竜点睛《がりょうてんせい》』などが書いてある単語カードを手にしながら）これらの四字熟語の品詞を教えてください」

「『大きい』『大きな』『大いなる』『大なる』はどう違いますか？」

「この文章に『悠然として』と書いてありますが、形容動詞なら『綺麗に』のように『悠然に』になるはずですよね。なぜ『として』ですか？」

「漢文の書き下しのやり方を教えてください」

「藤村操《ふじむらみさお》の『巌頭《がんとう》の感』という文章に『この大をはからむとす』とありますが、『はからむとす』ってどういう意味ですか？　辞書を調べても出てきません！」


色々な意味で手の焼ける生徒だった。今となってはそれくらい自分で調べるのは造作もないことだが、当時はまだ初級段階なので自力で調べるのは難しく、お金がないのでちゃんとした辞書も持っていなかった。これらの質問をしたのは主に授業の合間の十分間休憩や、授業の後の時間なので、先生からすれば、私の質問は時間外労働の源と映っていたのだろう。付き合いきれず内心嫌がっていた先生も相当いたはずだ。

しかし、自分の経験からしても、ゆくゆく大器になる人物は往々にして質問が多く、手の焼ける生徒である。振り返れば、自分が出会ってきた教師や教授の中で、今でも恩師として尊敬しているのは、学識や知識があるのはもちろんのこと、私みたいに手の焼ける生徒からの質問をはぐらかさず、嫌がりもせず、真正面から真摯《しんし》に向き合うような方々ばかりである。

＊1　その授業で使った教科書は石黒圭著『よくわかる文章表現の技術　Ｉ　表現・表記編［新版］』（明治書院）であり、この本の中にも統計データが載っている。

漢文という裏技

日本の中高生も中国の古典を習うのを知った時は驚いた。

それもそのはず——だって、台湾の中高生は日本の古典を習わないもの。『古事記』『万葉集』『源氏物語』などは台湾の国語の授業には登場しない。もちろん、『ソクラテスの弁明』も『神曲』も『マクベス』もだ。

例えば台湾の高校の授業で『古今和歌集』や『オデュッセイア』を扱うとする。当然ながら、大抵の高校生は日本語やギリシャ語ができない。稀《まれ》にできる人がいても、古文までは読めないだろう。だから読むにしても原文ではなく、一旦中国語に翻訳して、訳文で読まなければならない。ちなみに私は高校の授業で芥川龍之介「蜘蛛《くも》の糸」「羅生門《らしょうもん》」「藪《やぶ》の中」などを読んだのだが、もちろん中国語訳である。

それなのに、日本の中高生は李白《りはく》や杜甫《とほ》や陶淵明《とうえんめい》を読むというのだ。しかも翻訳ではなく、原文で読むらしい。一体どうやって？

——春眠不覚暁、処処聞啼鳥。夜来風雨声、花落知多少。

孟浩然《もうこうねん》の五言絶句「春暁《しゅんぎょう》」は、台湾では小学生でも知っている有名な唐詩（唐の時代の詩）である。中国語を母語とする人がこの詩を読む時は、当然、上から下へ一文字ずつ読んでいく。「春眠不覚暁《チュンミエンブージュエシャウ》、処処聞啼鳥《チューチューウエンティーニャウ》」というふうに。詩だから当然、韻を踏んでいる。この詩の場合、「暁《シャウ》」「鳥《ニャウ》」「少《シャウ》」が韻脚《いんきゃく》（韻を踏む場所）に当たる。一句五文字（＝五音）で四句からなるこの詩はリズムもよく、韻も踏んでいるので、中国語母語話者にとっては覚えやすいわけである。私も小学生の時からこの詩を何の違和感もなく覚えていた。

しかし、中国語ができないはずの日本の中高生も、この文字列が読み解けるというのだから、驚きなわけだ。「春暁」だけではない。「飛流直下三千尺、疑是銀河落九天」「国破山河在、城春草木深」「有朋自遠方来、不亦楽乎」も読めるというではないか。

高校時代、九州に旅行したことがある。長崎の孔子廟《びょう》を訪れた時、「朋《とも》、遠方より来たる、亦《また》楽しからずや」と書いてある金属板を見かけた。その時にピンと来た。どうやら日本人は（私から見たらとても謎の）秘術を持っていて、その秘術を駆使して「有朋自遠方来、不亦楽乎」を「朋、遠方より来たる、亦楽しからずや」という日本語の文章に変換しているらしい。そして日本語に変換すると、日本人には理解できるらしい。

そこで私は考えた。ということは、私がその秘術を習得すれば、日本語の作文でも中国の古典を自由に引用できるのではないか！　そうすると、まだ日本語のレベルが低い私でも、中国の古典の力を借りて表現の幅を大きく押し広げられるのではないか！

台湾では高校生ともなれば、漢詩や漢文など中国の古典を数百くらいは読んでいる。小学生のうちに孟浩然「春暁」や王之渙《おうしかん》「登鸛鵲楼《かんじゃくろうにのぼる》」、李白「静夜思《せいやし》」くらい誰でも暗誦《あんしょう》できる。中学生になれば「古詩十九首《こしじゅうきゅうしゅ》」「木蘭詩《もくらんし》」など簡単な漢文や漢詩、そして『論語』の有名な章を読むし、高校生になるとその量はさらに増え、最も時代の古い『詩経《しきょう》』『楚辞《そじ》』から、比較的最近の蘇軾《そしょく》「赤壁賦《せきへきのふ》」や明代・清代の小説（『紅楼夢《こうろうむ》』など）まで、古典の中で名作とされるものを一通りさらう。私みたいに文学が好きな生徒はとりわけ古典の暗誦に力を入れる。中学時代から、私は白居易《はくきょい》（白楽天《はくらくてん》）の「長恨歌《ちょうごんか》」みたいな長い詩を丸暗記し、李清照《りせいしょう》のような女性詞人が書いた宋詞もそれなりに覚えた。古典を暗記しては、友人との会話で引用したり、自分の書く文章で活かしたりした。

私はデビュー小説『独り舞』の中で、台湾の女子高校生同士の会話シーンを描いた。主人公の趙迎梅《ジャウインメー》は台湾随一の大学に受かったが、恋人の小雪《シャウシュエ》は落ち、地元に残って一年浪人することになった。つまり二人の離れ離れになる未来が決まった直後の会話である。

趙迎梅「結局……人生不相見《じんせいあいみざること》、動如参与商《ややもすればしんとしょうのごとし》、か」

小雪「縁起でもないこと言わないで。二十年も離れないよ。無為在岐路《なすことなかれきろにありて》、児女共沾巾《じじょとともにきんをうるおすを》」
趙迎梅「そう言われても、児女だから仕方無いじゃん」

地元に残って浪人をするという小雪の決意を聞かされた趙は、悲しげに唐代・杜甫の詩「贈衛八処士《えいはちしょしにおくる》」を引用して別離を嘆いた。「贈衛八処士」は、文字通り「衛八処士」という親友に贈る詩だが、「処士」とは隠者、隠遁《いんとん》生活を送っている人のことである。杜甫はこの親友と二十年ぶりの再会を果たした時、この詩を書いて贈ったのだ。「人生不相見、動如参与商」は、「人生というのは夜空の星のように、一度別れたらなかなか会えないものだ」という意味で、別離の嘆きに相応《ふさわ》しい詩句である。

当然、小雪もこの詩が作られた背景を知っているので、それを踏まえて「二十年も離れないよ」と返し、その上で唐・王勃《おうぼつ》の詩「送杜少府之任蜀州《としょうふのにんにしょくしゅうにゆくをおくる》」を引用して趙を慰めた。「送杜少府之任蜀州」は王勃が、友人が長安から蜀の地（今の四川あたり）に赴任するのを見送る時に書いた詩であり、「無為在岐路、児女共沾巾」は、「別れる時は子どもみたいに泣いたりしないようにしよう」という意味である。そう言われた趙は、「児女だから仕方無いじゃん」、つまり「私たちはまだ子どもなんだから泣いたっていいんじゃない」と返事したのである。

日本の読者からすれば、いきなりの漢詩引用が少し唐突に感じられるかもしれないが、「人生不相見、動如参与商」も「無為在岐路、児女共沾巾」も極めて有名な詩句なので、趙迎梅や小雪のような文学好きな高校生は当然知っているし、会話で引用するのも自然なことである。というか、私自身も高校時代に文学好きの友人とはこんなふうに会話していた気がする（まあ、高校生の中では間違いなく気障《きざ》な部類に入るだろうけれど）。

こんなことができるのは、中国語では古典と現代語の距離感が日本語より近いというのもあるかもしれない。現代中国語で書かれた小説を読んでも、古典からの引用や化用《かよう》がかなり見られる。「化用」は単なる引用とは異なり、古典の語句を自分の文章に融け込ませて、換骨奪胎する修辞法のことである。

ここでいくつか台湾の小説を例にあげるとしよう。まずは邱妙津《きゅうみょうしん》『ある鰐《わに》の手記』（一九九四）である。

（中国語原文）

太早就知道自己是隻天生麗質的孔雀，難自棄。

（日本語訳、垂水千恵訳、二〇〇八、作品社）

ずっと昔から、自分は生まれつき美しい孔雀《くじゃく》だと知っていた。

日本語訳からは全く分からないが、原文の「天生麗質難自棄」は白居易「長恨歌」の詩句であり、作者はそれを自分の文章に融《と》け込ませて使っているわけである。

次に、朱天文《しゅてんぶん》『荒人手記《こうじんしゅき》』（一九九四）である。


（中国語原文）

永無結果的争辯，花落人亡兩不知。

（日本語訳、池上貞子訳、二〇〇六、国書刊行会）

永遠に結論の出ない言い争いで、花の散るのも人の死んだのも気がつかなかった。


原文の「花落人亡兩不知」は清・曹雪芹《そうせっきん》の小説『紅楼夢』の登場人物、林黛玉《りんたいぎょく》が作った詩「葬花吟《そうかのぎん》」からの化用である。やはり日本語訳からは分からない。

古典の化用が分かるよう翻訳されている小説に、林奕含《リンイーハン》『房思琪《ファンスーチー》の初恋の楽園』（二〇一七）がある。一節引用しよう。


（中国語原文）

只一瞬間，又放鬆了，變回那個溫柔敦厚詩教也的老師，撕破她的內褲也是投我以木瓜報之以瓊琚的老師。

（日本語訳、泉京鹿訳、二〇一九、白水社）

一瞬、力が抜け、あの「温柔敦厚《おんじゅうとんこう》なるは詩の教えなり」の先生に戻る。彼女のショーツを引き裂いたのも「我に投ずるに木瓜《ぼけ》を以てす、之に報ゆるに瓊琚《けいきょ》を以てす」の先生だ。「温柔敦厚詩教也」は『礼記《らいき》』の語句で、「投我以木瓜報之以瓊琚」は『詩経』の詩句だ。原文では（皮肉の効果を狙うため）シームレスに地の文に融け込ませているが、日本語は古典であることが分かるように鉤括弧《かぎかっこ》をつけている。このような訳し方だと知的レベルが分かって面白いが、一般読者にはやや理解が難しいかもしれない。

小説だけではない。二〇一八年の平昌《ピョンチャン》五輪でフィギュアスケートの羽生結弦選手が出場した際、中国国営テレビの解説者が漢詩で彼の活躍を称《たた》えたことが話題になった。解説者が使った漢詩は「容顔如玉《ようがんぎょくのごとく》、身姿如松《しんしまつのごとし》、翩若驚鴻《へんとしてきょうこうのごとく》、婉若遊龍《えんとしてゆうりゅうのごとし》」で、前の二句は解説者自身のアレンジだが、後ろの二句は魏《ぎ》・曹植《そうしょく》「洛神賦《らくしんのふ》」からの引用である。習近平を含め、中国の政治家が何かスピーチをする時も、古文古詩を何らかの形で引用することが多いし、流行歌の歌詞や映画・ドラマの台詞《せりふ》も、古典の引用または化用がしばしば見られる。古典との距離感が近いのは中国語圏の文化と言えよう。

長々と書いてきたが、要するに中国語ではエッセイや小説を書く時や、スピーチや会話をする時、とにかく何らかの言語表現をする時に、古典はそれなりの比重を占めている。復古主義や懐古趣味として批判されることもあるが、そうした表現の手法ができる人は知的レベルが高く見えるというのも事実である。衒学《げんがく》的なまでに古典を使い、それを自分のスタイルとしている小説家やエッセイストもいる。私も高校時代に、このように古典の語句を自在に扱える書き手に憧れていたし、自分も小説やエッセイを書く時にそれを実践していた。

だからこそ、日本語でも中国の古典が使えることを知った時は大いに喜んだわけである。何しろ、それまでは古典をそれなりに暗記し、中国語の文章にも使いこなせていたのに、日本語でものを書く時は全く使えず、そのせいで知的レベルが数段下がったようで、大変もどかしい気分になっていたからだ。もし日本語の作文でも中国の古典を自在に使えるならば、表現の幅が一気に広がり、日本語でもたいそう知的な文章が書けるのではないか！　何なら自分で古代中国語で文章を書き、それを日本語に変換することだって可能ではないか！　ちょうどゲームのバグ技や裏技に気づいた子どものように、私は喜んだのである。

先生に訊《き》くと、「書き下し」というものがあることを知った。どうやらこれが「中国の古典」を「日本語」に変換する秘術らしい。よーし、これはぜひとも習得したいコスパの高い技である。

ところが、教えてほしいと先生に頼んでも、先生もあまりうまくできないようだった。私はいらつきを覚えた。日本の中高生でもできることではないか！　先生は大人なのに、しかも日本語の教師なのに、なんでできないんだ！　と、さすがに口には出していないが、心の中で密かに思っていた。

私の質問にいちいち答えたり答えに詰まったりするのが面倒くさくなったのか、先生は家から『国語便覧』を持ってきて貸してくれた。自分で読んで勉強しな、というふうに。『国語便覧』といえば日本の中高生の国語参考書なのだが、一読して私は大変気に入った。次に日本へ旅行に来た時、自分用のお土産として一冊買って帰った。

そう、高校生の私が日本旅行の時に買ったお土産は化粧品でもお菓子でもなく、『国語便覧』だったのである。

『国語便覧』を読んで、「返り点」というものを知った。レ点、一二三点、上中下点、甲乙丙点……とうとう「秘術」の秘密に迫ってきた私は『国語便覧』の漢文パートの例をいくつか読み（それらの漢文はいずれも知っているものだった）、書き下しのやり方を練習した。マスターした暁には、自分にも漢文をふんだんに鏤《ちりば》める格好いい日本語の文章が書けるようになると、そう夢想しながら。

傍《はた》から見れば、おかしなことをやっているように映っていたに違いない。なぜなら、私はそもそも漢文を原文で読めるからだ。原文で読めるものをあえて日本語に書き下すような迂遠《うえん》なことをやる人はそうそういないだろう。実際、クラスでそんなことをやっていたのは私だけだったし、「原文で読めるのになんで書き下しを？」と先生からも疑問に思われていた。ただ、私にとって「日本語である」ことが大事だったのだ。

結論を言えば、「書き下しのやり方を覚えて日本語の文章力を短期間でアップ」という計画は失敗した。まあ、今にして考えれば当たり前のことである。『国語便覧』の例文は厳選された簡単で端正な漢文だから、それで書き下しのやり方を覚えても全ての漢文を訓読できるようにはならない。また、日本語のボキャブラリーがまだ少ない初級のうちは、漢文を書き下そうとしてもどうしても無理が出る。例えば、

花間一壺酒、独酌無相親。挙杯邀明月、対影成三人。（李白「月下独酌《げっかどくしゃく》」）

これを日本語の語順に直せても、

花間一壺酒、独酌相親無。杯挙明月邀、影対三人成。

ここの「花間」「一壺」「独酌」「明月」「邀」「対」などの漢字の読み方が分からなければ、

花間一壺《かかんいっこ》の酒、独酌《どくしゃく》相親しむ無し。杯を挙げて明月を邀《むか》へ、影に対して三人と成る。

というふうに読み下せないのだ。

たとえ書き下しが完璧にできるようになっても、それがそもそも日本人に伝わらないという最大の問題が残る。口頭でいきなり「かんこういろをおもんじてけいこくをおもう、ぎょうたねんもとむれどもえず」と言われても、大抵の人はちんぷんかんぷんだろう。文字で「漢皇色を重んじて傾国を思ふ、御宇多年求むれども得ず」と読んではじめて大意が摑《つか》めるようになるが、それでも「漢皇」とは誰のことか、「御宇」とはどういう意味かは、前提知識がないとなかなか理解できないと思われる。

「古典」ですらそうだから、「自分が書いた漢文」ならなおさらだろう。私が夢想していた「自分で漢文を書いて、それを書き下して日本語に変換する」という無敵の裏技も結局は失敗の運命にあった。今は一応、自分でも漢文が書けるし、それを書き下すこともできるようにはなった。試しに私が大学時代に書いた漢文の習作の一節を書き下して載せてみよう。どれくらい読解できるか、読者諸氏にはぜひやってみてもらいたい（そんなに難しい内容ではないが、ルビはあえて振らないことにした）。

辛卯の春、予、暫し台湾の弾丸の地を離れ、日出づる国に赴きて留学すること一載。予、和文を習ふこと七年、始めて東瀛に負笈す、飛鵬の霄に薄り、游龍の川に棲むが如く、翅を振ひて遠音を響かせ、尾を擺ひて雨雲を興す。其の学びは、切磋琢磨、孜々として怠らず、古今を極めて文理を究む。其の遊びは、朋を呼び伴を引き、載ち欣び載ち奔り、幽蹟を尋ねて勝景を訪る。其の楽しみ、此くの如きなり。始めて知る、宇宙の闊きは一の蕞爾たる小島の囿すべき所に非ざるを。然れども遊学の楽しみに窮まり無けれど、簽証の期に限り有り。日昇りて月落ち、物換はりて星移り、弾指の間に一載、将に逝かむとす。帰期日に近づき、憂思日に深まり、別れを傷みて涙を堕とすに一二に非ざるなり。

漢文訓読は、本質的には翻訳の一種である。それは「古典中国語文」を起点言語とし、「日本語の古文」を目標言語とした、一定のパターン化をした特殊な翻訳である。ここの「パターン化」というのは、例えば「古典中国語文の熟語は音読にする」「助字の『即』『則』『乃』『便』『輒』などは『すなわち』と読む」「『未』『将』のような再読文字は『いまだ〜ず』『まさに〜んとす』と読む」といったルールのことであり、これらのルールによって、訓読をしたのが誰であっても同じような訓読文が産出されることが保証される。

しかし、一口に漢文といっても三千余年の歴史があり、時代によって、または地域によって、筆者によって、文体や語彙《ごい》、あるいは文法そのものが異なることがある。あらゆる時代の漢文を魔法のように「日本語に変換する」ことができるというのは、やはり夢想でしかなかった。そして翻訳である以上、初級レベルの日本語学習者には無理だったのだ。

やはり言語学習には早道も抜け道もなく、地味な積み重ねしかないのである。

四文字の宇宙

日進月歩の情報技術により、賢明愚昧関係なく誰でも三者三様、十人十色の主義主張を自由闊達《かったつ》に、百家争鳴のごとく侃々諤々《かんかんがくがく》、丁々発止と談論風発できるから、採長補短すれば大同団結の理想の世へ直往邁進《まいしん》できるだろう、そう専門家たちは自画自賛していたが、そんな呵々《かか》大笑に値する大言壮語はすぐに雲散霧消し、今や清廉潔白な聖人君子と曲学阿世《きょくがくあせい》の豚児犬子が玉石混淆《こんこう》となり、金科玉条と狂言綺語《きご》の境は前代未聞くらいに曖昧模糊《もこ》としている。一方で沈思黙考、虚心坦懐《たんかい》の道理を知らぬ無知蒙昧《もうまい》、浅学寡聞《かぶん》の徒は実に気炎万丈となり、牽強付会《けんきょうふかい》、荒唐無稽な道聴塗説や流言蜚語《りゅうげんひご》とともに跳梁跋扈《ちょうりょうばっこ》し、捧腹《ほうふく》絶倒するほどの自家撞着《どうちゃく》をしても改過自新、改邪帰正しようとせずただただ猪突《ちょとつ》猛進し、一心不乱に党同伐異の悪戦苦闘を繰り返す。

このようにして同文同軌の国に生きる一蓮托生《いちれんたくしょう》の人々も同床異夢、犬猿之仲になり、右往左往、周章狼狽《しゅうしょうろうばい》する事態となった。

……すみません、やってみたかっただけです（汗）。

日本語にも四字熟語があるということは、漢文よりかなり前から知っていた。小学生の頃、テレビで日本のクイズ番組をなんとなく観ていたら、漢字が得意な小学生が登場し、様々な難問に答えていった。その小学生が普段の日常会話でも「支離滅裂」や「温故知新」といった四字熟語を頻繁に使っているというエピソードも紹介された。

ところで、当時の私はまだ日本語ができなかったのでクイズ番組は中国語字幕で観ていたが、VTRで紹介された小学生の日常会話シーンには全く違和感を覚えなかった。VTRの中で、小学生の日常会話を聞いていたスタッフたちはみんな「えーっ」と驚きの声を上げていたにもかかわらず、何がそんなにすごいのか私にはよく分からなかった。

今は記憶も朧《おぼろ》げで具体的にどういう会話があり、字幕がどういうふうに翻訳されていたかよく覚えていないが、恐らくこういうことだろうと推測している。つまり、日本語の日常会話では四字熟語を多用することは大変珍しいことだが、中国語の会話では特段珍しいことではないので、中国語字幕で観ていた私は違和感のない自然な会話だと感じていたのだろう。

四字熟語は言うまでもなく中国語に由来するものである。中国語では、四字熟語は「成語」または「四字成語」と言う。前章で、中国語では何らかの言語表現をする時に漢文漢詩などの古典がそれなりに比重を占めていることを紹介したが、四字熟語もまた同様である。

ある時、日本人のパートナーと一緒に台湾のテレビニュースを観ていたら、彼女はニュース画面の下のテロップを指差して、「よくこんなふうに四文字四文字に揃《そろ》えられるね」と笑いながら言った。あまりにも慣れているので意識すらしなかったが、言われてみれば「四文字四文字に揃える」という芸はまさしく中国語の得意技だなと思った。

中国語では一文字が一音節なので、四字熟語は例外なく四音節である。四音節の言葉は、中国語ではリズムがよく、座りがいい。だからこそ、文章を書く時やスピーチをする時は四文字四文字というふうに揃えがちで、中国語で四字熟語が発達したのもそのためである。

ここで一例を挙げよう。陶淵明《とうえんめい》の名文「桃花源記《とうかげんのき》」である。傍点が打ってある箇所は、四文字にリズムを整えている箇所である。

……初極狭、纔通人。復行数十歩、豁然開朗。土地平曠、屋舎儼然。有良田、美池、桑竹之属。阡陌交通、鶏犬相聞。其中往来種作、男女衣著、悉如外人。黄髪垂髫、並怡然自楽。

中国文学史で有名な文学作品であればあるほど、その作品から多くの四字熟語が誕生する傾向がある。「桃花源記」という名文からも、「豁然開朗」「鶏犬相聞」「怡然自楽」「無人問津」「世外桃源」などの四字熟語が生まれた。たとえ原文が四文字でなくとも、それをアレンジして四文字にするということもよくある。例えば李白《りはく》の有名な詩「長干行《ちょうかんこう》」、

妾髪初覆額、折花門前劇。郎騎竹馬来、遶牀弄青梅。

これを凝縮すると「青梅竹馬」という四字熟語になる。中国語で「幼馴染《おさななじみ》」という意味である。

このように「四文字四文字に揃える」というのは何も古代の習慣ではなく、現代中国語でもそれは当たり前のように行われている。テレビニュースのテロップもそうだが、現代の中国のキーワードを思い浮かべると、「改革開放」「一帯一路」「核心利益」、やはり四文字である。中国語は四文字の言葉が大好きなのだ。

四文字の言葉が大好きという文化は、儒教の二元論的な宇宙観とは無関係ではないと思われる。例えば『易経《えききょう》』で提示される宇宙観では「清／濁」「陽／陰」「天／地」「円／方」「男／女」「日／月」「夏／冬」「生／死」「動／静」といった二元的な対立が根底にあり、そこから森羅万象が生まれるという考え方である。このような二元論的な宇宙観は、漢詩などにも出てくる「対句」という文化に表れる。そして「対句」の最もコンパクトな形式が四文字である。したがって、「対句」の形を取る四字熟語は実にとても多い――温故知新、神出鬼没、外柔内剛、勧善懲悪、山紫水明、酔生夢死、巧言令色、粉骨砕身、などなど。

記憶では、私は小学三年生の時から四字熟語を覚え始めた。四字熟語を覚えるための教科書があり、一日何個というふうに暗記させられた。四字熟語辞典みたいなものも購入した。作文では四字熟語を使うことが奨励された。数えたことはないが、小学生のうちに数百くらいは覚えたのではないだろうか。そしてこれは恐らく中国語圏では当たり前のことだと思われる。

慣れてくると、四字熟語は実にコンパクトで便利なもので、言葉の背景を共有している人にとって常に字面以上のイメージを内包している。例えば「柳暗花明《りゅうあんかめい》」という語は字面だけ見ると、「柳が暗く花が明るい」というふうにどういう意味か分からないが、出典を知っている人がこの熟語を見ると、脳裏でビビッドなイメージが呼び起こされるだろう。

山重水複疑無路、柳暗花明又一村。

これは南宋の詩人・陸游《りくゆう》の「遊山西村《さんせいのむらにあそぶ》」という詩で、「山が幾重にも重なり、川もうねうねと曲がりくねっていて、この先はもう行き止まりで道はないかと思いきや、鬱蒼《うっそう》と生い茂る柳の向こうに、ぱっと明るく咲く美しい花に囲まれた村が見えてきた」という意味、転じて「苦境を経てようやく希望が見えてくる」ことの喩《たと》えである。四字熟語がすごいのは、たった四文字でこれくらい豊かなイメージが喚起できるところである。

だからこそ、日本語にも四字熟語があることは、初級学習者だった高校時代の私にとっては朗報であった。それはつまり、中国語の中で蓄積してきた言語知識は日本語でも活きてくるかもしれないということだ。ある時期、私は頑張って日本語の四字熟語を覚えようとした。「厚顔無恥」「以夷制夷《いいせいい》」「羊頭狗肉《くにく》」「臥薪嘗胆《がしんしょうたん》」「呉越同舟」「後顧之憂《うれい》」「画竜点睛《がりょうてんせい》」、いずれも字面を見れば意味が分かる言葉なので、あとは日本語の読み方を覚えておけばそのまま作文に使えるだろうと思った。

しかし結論を言うと、そうした努力はやはり失敗に終わった。第一に、初級学習者が書く日本語の作文は大抵、四字熟語の登場に相応《ふさわ》しい内容ではない。第二に、日本語の四字熟語は中国語のものとかなりずれがある。「一期一会」「以心伝心」「一蓮托生」といった日本語では比較的よく使われる四字熟語は中国語では存在しないし、中国語の「亂七八糟」「七上八下」「莫名其妙」（それぞれ「でたらめ」「どきどき」「意味不明」の意）といった日常会話でよく使う卑近な四字熟語は日本語にはない。どちらにもある四字熟語でも、例えば日本語では「異口同音」「雲散霧消」「危機一髪」「支離滅裂」だが、中国語では「異口同聲」「雲消霧散」「千鈞一髪」「支離破碎」というふうに、少しずれている。これでは、いくら中国語の四字熟語に習熟していても、日本語で使いこなすのはかなり難しい。

とはいえ、そんな努力も無駄ではなかった。初級の段階で使いこなすことはできなかったが、その時の蓄積は中級、上級とレベルが上がるにつれだんだんと活きてきたし、日本語の物書きとして生計を立てている今でも活き続けている。

アイスブルーの蛙

青春って、どんな色をしているのだろうか。

これは愚問に思える。「青春」というのだから青に決まっている。しかし、日本語の「青」がどんな色を指すのかかなり曖昧だ。「青空」という時にそれは「ブルー」であり、「青信号」という時にそれは「グリーン」である。ブルーとグリーンとで、印象はだいぶ異なる。

一応、「青春」の「青」がどの色を指すのか、正解はある。「青春」「朱夏《しゅか》」「白秋《はくしゅう》」「玄冬《げんとう》」、これらの言葉は中国の五行説に由来するもので、五行説では、季節と色、方角などには対応関係がある。この通りである。

木――青――春――東
火――赤――夏――南
土――黄――長夏――中
金――白――秋――西

水――黒――冬――北

したがって、「青春」の「青」とは木の色、つまりグリーンが正しい。草木が芽を吹き、すくすくと育つ生気溢《あふ》れる新緑の季節、それが「青春」のイメージである。

私の青春はどちらかというとブルーである。それも南極の氷床を思わせる冷たげなアイスブルー。凍《い》てついた孤独感が分厚い氷の層となり、振り返れば、私はいつも荒涼とした氷の大地でひとり立ち尽くしていた。そんなイメージ。

もちろん、記憶のテープをコマ送りで再生すれば、楽しいと思える瞬間はいくらかは見つかるはずだ。仲良くしていた人たちと遊んだり、文化祭に精を出したり、あるいは実らぬ恋をしたり、そういったありふれた平凡な楽しさはあるにはあった。それでも、孤独感はあくまでも通奏低音のように青春時代の全ての時間にこびりつき、そのため、距離を取って振り返った時には細部が捨象《しゃしょう》された、荒れ果てた一枚の遠景だけが浮かび上がる。

孤独感は、理解者の不在に起因していたと思われる。誰も分かってくれないという感覚が、私の十代の風景の基調だった。

学校では「小説の定義」をめぐって先生と論争になり、「うちのクラスには作家さんがいるんだね」とみんなの前で嫌味を言われたことがあった。同級生とは折り合いが悪く、何人かの女子に嫌われて黒板に悪口を書かれたことがあった。日本語学校では面倒くさい質問をよくするものだから、先生からは煙たがられていた。クラスメイトは概して私より飲み込みが遅く、内心見下していた。そんな態度が顔や言葉に出たのだろう、やはり嫌われていた。

文学にも日本語にも、私は常に本気だった。しかし、私の本気を分かってくれる人は周りにいなかった。張り切りすぎると、時には引かれ、時には馬鹿にされた。居場所がなく、理解者もおらず、世界にただひとり取り残される孤独感から心を守るために私が取った生存戦略は、馬鹿にし返すことだった。

自分が孤独なのは馴《な》れ合いを嫌っているからで、嫌われているのは同調圧力に屈しないからだ。並外れた才能の持ち主が疎ましく思われるのは当たり前のことで、出まくりの杭が打たれまくりなのは当然のことだ。自分が世界から疎外されているのではない。自分が積極的に世界を疎外しているのだ。そう思った私は『楚辞《そじ》』「漁父《ぎょほ》」の一節をお守りのように暗誦《あんしょう》した――「世を挙げて皆濁り、我《われ》独り清《す》めり。衆人《しゅうじん》皆酔ひて、我独り醒《さ》めたり」。

早い話、周囲に馴染《なじ》めない私は一匹狼を気取ったのだ。他者の気持ちを慮《おもんぱか》る社会性がまだ十分に身についておらず、自意識と自尊感情だけが肥大化し、世の事象を相対的に見る視点に欠け、自分が考える正しさを絶対的価値として信仰した。このように書くとどこにでもいるような、ありきたりな痛々しい若者に見えるが、なまじ才能の片鱗《へんりん》と呼べるものが備わっていたため、自身の痛々しさに気づくことは逆に難しかった。

私は勉強がそれなりにできて、成績がいつも上位に入っていた。小説やエッセイを書き、いくつか賞も取った。日本語だって、クラスメイトよりずっと飲み込みが早かったのも事実だ。

新しい文法項目が導入されるとそれをいち早く理解し、教科書の練習問題も難なくこなし、時には自分なりに類推して未習の文法項目の法則まで導き出した。

例えば、列挙の文型「〜たり〜たり」を習った時のことである。

　毎晩手紙を書いたり、音楽を聞いたりします。

日本語教育では、「〜たり〜たり」に当てはめる動詞は、「書く→書いた」「聞く→聞いた」というふうに、「た形」を使うのだと教わる。「た形」は一般的に過去形を表すのだが、しかし「〜たり〜たり」という文型の時制は必ずしも過去ではないはずだ。「たり」の前に入れる動詞の「た形」は明らかに時制を表さない。では、この文型の時制は何で表すのだろう？　先生はそこまで説明しなかったが、例文をいくつか読んで、私はすぐ結論を出した。「〜たり〜たり」の列挙の後には常に動詞「する」がつくもので、文全体の時制はその「する」で表現するのだ。

——私がこの結論を導き出した時、クラスメイトはまだ「た形」の活用自体に四苦八苦していた。

また、「使役」と「受身」の文型を習った後、私はすぐビビッと来た。英語にも「使役」と「受身」の文型があるではないか。誰かに何かを強いることを表す「使役」と、誰かに何かをされることを表す「受身」があるならば、当然、誰かに何かを強いられることを表す「使役の受身」もあるはずだ。教わるまでもなく、私は英語の知識を頼りに、このような日本語の文を自分で作った。

受身：レポートは書かれた。
（英語：The report was written.）
使役：先生は生徒にレポートを書かせた。
（英語：The teacher made students write the report.）
使役の受身：生徒は先生にレポートを書かせられた。
（英語：Students were made to write the report by the teacher.）

あの初級のクラスで、こんな文法的類推ができたのもやはり私だけだった。このように、こと日本語学習に関して、私は常に周りから頭一つ抜きんでていた。しかも、日本語学校のクラスメイトはほとんど社会人で、高校生は私だけだった。私から見れば、みんな大人だった。にもかかわらず、みんな頭が悪そうに見えた。大人もあんなふうなのだから、あとは推して知るべし——周りとの比較の中で、私の自信は風船のように際限なく膨らみ、同世代の中で自分みたいに日本語ができる人はあまりいないのではと、そう思うに至った。

だからこそ、挫折した時は本当に痛かった。

高校三年生の時、私はとある民間団体が主催した、高校生が対象の日本訪問プログラムに応募した。日本に十日間ほど滞在し、日本の高校生と文化交流をするプログラムである。プログラムには選考プロセスがあり、合格すれば旅費と滞在費は団体から支払われるとのことだった。早い話、無料で日本旅行に行けるのだ。

当時、私の高校生活は残り数か月というところだった。高校生じゃなくなるのを私はどこか恐れていた。高校生じゃなくなると、自分が見下していた「大人」にいよいよ仲間入りするからだ。大学生活に憧れを抱いていなかったわけではないが、大学生もやはり高校生から見れば「大人」だった。大人なら色々なことができて当たり前だ。高校生のうちはまだ才能の片鱗を覗《のぞ》かせれば大人から一目置いてもらえるが、大学生になれば特別視されなくなるだろう。

要するに、私は自分が特別じゃなくなるのを恐れていた。平凡になるのを恐れていたのだ。だからこそ、高校生という若さを象徴する肩書が必要だった。日本へ行くのは大人になってからでもできるが、高校生として行くには、あれが最後のチャンスだった。

それに、振り返れば氷原のような荒れ果てた高校生活だった。私の高校生活は、勉強と、小説の創作と、日本語学習が九割の時間を占めていた。部活に打ち込むこともなければ、パーティーに繰り出すこともなかった。どこまでも孤独で、どこまでもストイックだった。私は小説にも日本語にも本気で、それらに取り組むために孤独さは必要なものだと割り切っていたが、それでも若者らしく羽目を外してしまいたいと思う時がある。せめて高校生活の最後の思い出作りに、日本へ行きたかった。アイスブルーの青春の最終章を、カラフルに彩りたかった。

一次となる書類選考は難なく通り、最終である二次選考は筆記と面接だった。筆記試験は日本語能力を試すもので、特段難しいとは感じなかった。面接の受け答えも、まあまあうまくできたと思った。何より、一次通過者は八十人で、その中から六十人が選出されることになっている。こんな倍率なら落ちるはずはないと、私は高を括《くく》っていた。

ここまでの話の流れからして、結果は分かり切っている。そう、落ちたのだ。

私はどちらかと言えば試験が得意なほうだった。受験のための勉強法も、得点を少しでも増やすための小手先のテクニックも知り尽くしていたし、大抵の場合、それらはうまくいった。にもかかわらず、自分が合格を渇望し、なおかつ合格を確信していた試験にあえなく落ちた。選考結果を素直に受け止めれば、八十人の同世代の高校生の中で、私は上位六十位に食い込むことすら叶《かな》わなかったということになる。

しかも間の悪いことに、不合格を知らされたのは大学入試の数日前だった。これは何かの悪い予兆としか思えなくて、あまりのショックで体調を崩し、二日間くらい寝込んだ。

体調が回復してから、私は主催団体に電話をして、落ちた理由を訊《たず》ねた。すると電話口で、「日本語力はあともう一つかな」という主旨のことを告げられた。これもまたショックだった。当時の私にとって、日本語は「自分が周囲より優れている」ことを証明してくれる一大アイデンティティだった。そんな自信が粉々に打ち砕かれたのだ。

要するに、私は幼かった。井の中の蛙《かわず》だった。自分の周りの極めて狭い世界しか見えていなかったにもかかわらず、肥大化した自尊感情に呑み込まれ、自分は他者より優れているに違いないと考えるに至り、あろうことか「同世代の中で自分みたいに日本語ができる人はあまりいない」といった根拠のない、愚かな過信／盲信までしていた。そのような過信と盲信は根拠がないだけでなく、そもそも劣等感と焦燥感の裏返しであることにも気づかずに。

今にして考えれば、実にありきたりな話である。その後の人生に控える無数の挫折と失意に比べれば、あの選考に漏れた経験など些細《ささい》なものに思える。そもそも、当時の私の日本語力はせいぜい日本語能力試験N3くらいのレベルで、お世辞にも上手とは言えず、しかも教室以外で使う機会はほとんどなかったので、スピーキングとリスニングはそれなりに難があると思われた。そんな実力でよくもあんなふうに過信できたものだと、今でも思い出すと全身が痒《かゆ》くなる。

結局、高校生として日本を訪問することは叶わなかったが、あの失敗により、私はいっそう日本語に打ち込むようになった。数日後、不合格のショックから立ち直り、私は大学入試に挑んだ。幸い、こちらはうまくいった。同年の秋、私は台湾大学文学部に入学した。

理不尽な海藻

大日本帝国時代にはいくつかの帝国大学があり、日本の植民地だった台湾の台北帝国大学もそのうちの一つだった。戦後、台湾は日本領でなくなり、台北帝国大学も国立台湾大学に名を改められ、今でも台湾随一の大学として知られている。「都の西北」といえば早稲田大学と分かるように、「赤門のある大学」といえば東京大学と分かるように、「台北《タイペイ》メトロ公館《こうかん》駅の大学」「羅斯福路《ルーズベルトろ》の学府」といえば、少なくとも台湾の高校生には台湾大学と分かる。東京の大学には「東大、早慶、MARCH」のランクがあるように、台湾でも名門大学といえば「台、清、交、成、政」、つまり「台湾大学」「清華大学」「交通大学（現・陽明交通大学）」「成功大学」「政治大学」というふうに知られている。

南国唯一の旧帝大の文学部で、私は学部時代を過ごした。日本の大学ではあまり聞かないが、台湾の大学には「ダブルメジャー」という制度がある。「二つの専攻」という意味で、文字通り二つの専攻を持つことができる。ダブルメジャーが認められた学生は、それぞれの専攻の所定単位を全部修めることで、卒業時に二つの学位を授与される。台湾大学の一般的な卒業必須単位はおよそ一二八〜一四〇だが、ダブルメジャーの学生は二三〇単位くらい取得しなければならない。

私はダブルメジャー制度を使って二つの学科を専攻した。「中国文学科（中文科）」と「日本語日本文学科（日文科）」である。どちらもおよそ実用的とはとても言いがたく、順風満帆なキャリアが見込めそうにないと思われがちな文学部だ。文系よりも理系が、虚学よりも実学が重んじられる世の中にあって、当然、将来への不安は大きかったし、学部選びにあたり親と揉《も》めたことも一度や二度ではない。しかし、中学時代から小説を書くのが好きで、日本語の美しさにも魅了されていた私にとって、文学部以外の選択肢はありえず、文学部の中でも、中文科と日文科以外の学科は考えられなかった。私はメスではなくペンを持つことを選び、動脈や葉脈の代わりに文脈を観察することに心を惹《ひ》かれ、六法全書よりも紅楼夢《こうろうむ》を読むのを好み、企業や経営の仕組みよりも言語や文法の仕組みに興味を持った。

台湾大学の文学部は台北帝国大学の設立とともに、一九二八年にできた学内最古の学部である。文学部棟は設立当時の建物を使っており、赤煉瓦《れんが》による和洋折衷の建築が奥ゆかしくて美しく、史跡にも指定されている。文学部大講堂の外には芝生の中庭があって、縁側に腰かけて日向《ひなた》ぼっこをするのが気持ちよかった。

文学部の中でも、とりわけ中文科は歴史の長い由緒正しい学科である。その前身は帝大設立の翌年にできた「東洋文学講座」だったが、終戦の一九四五年に学科として確立され、台湾初の中文科となった。戦後、名だたる文学者や研究者、教授陣が中国から渡ってきて教鞭《きょうべん》をとり、保守的な社会や独裁政治の現実の中でも自由に学問を研鑽《けんさん》できるリベラルな学風を形成した。

　私の記憶では、すべてではないにしろ、中文科には親しみやすい先生が多く、指導者でありながら威圧感はまったくなく、どちらかと言えば学問の道でともに切磋琢磨《せっさたくま》する仲間として学生を見てくれているという印象を受けた。学問の師のみならず、人生の師として尊敬できる教授も何人もいた。文学というのは、人文というのは職業的な技能や立身出世の道具ではなく、教養であり、風格であり、生き方の指針であるということを、多くの先生が身をもって示していた気がする。『礼記《らいき》』には「温柔敦厚《おんじゅうとんこう》は詩の教えなり」という文章がある。また、よい師の教えを受けることを「如沐春風（春風を浴びるがごとく）」と表現する四字熟語が中国語にはある。あくまで私の印象だが、これらの言葉を体現する先生が多かった。中文科で受けた薫陶はのちの職業人生にとって必ずしも分かりやすい形で役に立ったわけではないが、そこで過ごした時間は今でも思い返すと懐かしい気持ちになる。台湾大学の中文科は、私にとって台湾で一番懐かしい場所と言っても過言ではない。ちなみに、順番というのは必ずしも大きな意味を持たないが、台湾の大学入試の合格者リストでは常に台湾大学が一番上に来て、台湾大学の中でも文学部が一番上に来て、文学部の中では中文科が一番上に来る。発表の順番からも、中文科の歴史と伝統が窺《うかが》える。楊徳昌《エドワード・ヤン》監督の名作映画『牯嶺街《クーリンチェ》少年殺人事件』の中で大学合格者の名前がラジオで流れるシーンがあるが、最初に読み上げられたのが台湾大学中文科なのもそのためである。

一方、日文科は比較的新しく、一九九四年にようやくできた学科である。日本語が大好きな私は日文科を専攻するとさぞかし水を得た魚だろうと思われるかもしれないが、残念ながら、日文科で過ごした時間を思い返すと、概して暗い記憶が多い。新しい学科で資金があまり潤沢ではないからか、教員は少なかった。そのうえ、大抵の教員は昭和時代の日本に留学し、学位を取得した人たちである。そのためか、少なくとも私から見て、日文科は一言でいえば「昭和時代の日本の一番駄目なところをぎゅっと凝縮させた」ような場所だった。もちろん、私が在籍した時期、現実の日本はとっくに平成に入り、ゆとり教育も始まっていた。にもかかわらず、小さな昭和が台湾大学の日文科に冷凍保存されていた。

何より上下関係が厳しかった。先生たちの学生への接し方は概して威圧的で、温柔敦厚とは程遠く、春風というより秋霜烈日のようだった。先生に何か質問をしたり、相談したりすると、時にはそっけなく、時には面倒くさそうにあしらわれた。視察に来た評価委員に見せるために、授業の進捗《しんちょく》を無理やり飛ばした先生もいた。優生学的な発言（「皆さんは遺伝子が優秀だからたくさん子どもを産まないと」）や、ホモフォビックな冗談（「男同士でツーショットを撮ったらホモだと勘違いされない？」）を口にした先生もいた。飲み会の席でお酒をすすめられ、飲めないと断ると先生から嫌な顔をされた。機械音痴の先生はパソコンの操作が分からないので手伝ってあげたが、感謝の言葉がないばかりか、やはり嫌な顔をされた。必修の授業で、学内政治関連の署名用紙を回してきて、強要こそしないものの、誰が署名していて誰がしていないか一目瞭然の形で署名の協力を求めてきた先生も何人もいた。「和を乱すな」「協調しろ」、そんな圧力を日常的に感じていた。今の基準で考えればアカデミック・ハラスメントと判断されてもおかしくないようなことが、普通に行われていた。先生だけではなく、学科の事務所の職員も学生に対しておおむね横柄な態度を取っていた。当時、文学部棟はもういっぱいだったので、日文科の研究室と事務所は校史館（大学の歴史を展示する施設）に入っていたが、今でも校史館一階の長く暗い廊下を思い出すと、トラウマが蘇《よみがえ》りそうで苦しくなる。

カリキュラムも融通が利かなかった。日文科に入学した生徒のほとんどは日本語がまったくできないので、一年生配当の必修科目は週に十二コマ（十二時間相当）、すべて初級日本語であり、私にとっては既習の内容ばかりだった。当時の私はすでに村上春樹の小説をなんとか日本語で読めるレベルになっていたので、クラスメイトと一緒にアイウエオを勉強し直しても時間の無駄でしかなかった。授業には出席せず、その時間を自習に当てさせてはくれないかと先生に打診してみたものの、特別扱いはできないとにべもなかった。生徒が出席しないと自分のメンツが保てないとでも思っているのか、病欠や公欠を含め、三回欠席すると単位は与えない、なんて厳しいルールを設ける先生もいた。

とにかくストレスフルだった。授業についていけないからではなく、とっくに習っているのに知らないふりをして真面目に聴講しなければいけないのがストレスだった。飲み込みの悪いクラスメイトの練習に付き合うのがストレスだった。利口ぶりすぎると先生からは目をつけられるので、答えを知っていても知らないふりをしなければならないのがストレスだった（それでも十分目をつけられたが）。まあ、魔法の授業を受ける時のハーマイオニーを想像してもらうと分かりやすい。ただ、私の周りにはハリー・ポッターもロン・ウィーズリーもおらず、時間を戻せる逆転時計《タイムターナー》も持っていなかった。それらの授業は大学における学問の探究というより、民間の日本語学校とたいして変わらなかった。学びの少ない授業に出ないといけないので、一年生の貴重な時間の多くを、私はふいにすることしかできなかった。

　理不尽だと思った。漫画やアニメの中で、優等生は概して嫌味っぽい悪役や嫌われ者、よくて主人公の相談役として描かれる。優等生が主人公になることは滅多にない。日本語の「優等生」という言葉にはそもそも嫌なニュアンスが染みついている。私は間違いなく優等生だった。そして間違いなく嫌われ者だった。しかし、私だって生まれつき優等生というわけではなく、それまでかなり時間と労力を日本語に割いてきたから優等生になったのだ。ほかの人が部活に打ち込んだり、マージャンに勤《いそ》しんだり、無意味にじゃれ合ったりしていた時に、私は日本語学校に通ったり、単語と文型の予習復習をしたりしていた。自分が費やしてきた時間、払ってきた努力の総量をことごとく無視され、そんな時間も努力も払ってこなかった人たちと無理やり横並びにされ、画一的なカリキュラムを受けさせられるのは納得がいかなかった。

同時に、私は怖かった。北宋時代の文人・王安石《おうあんせき》には「傷仲永《ちゅうえいをいたむ》」という名文がある。いわく、とある田舎には方《ほう》仲永という神童がいて、生まれてから一度も文房具に触ったことがないにもかかわらず、五歳になるといきなり文房具を欲しがり、筆を手に取ったかと思えばその場で詩を書いてみせ、教わったこともないのに自分の名前まで署名した。しかも、その詩文はとてもできがよかった。仲永の親は我が子の才能を近所に見せびらかすことで小銭を稼いだが、適切な教育は受けさせなかった。このようにして仲永は育ち、十二、三歳になると詩作の評判は以前ほど芳しくなくなり、二十歳くらいになるとこれといった特出した才能のない、ただの凡人になってしまったという。

私は方仲永みたいになるのが怖かった。大学入学の時点で、私の日本語能力は五十音も知らない同世代の人たちより明らかに高かった。レベルに合う授業を選び、適切な指導を受ければ、もっと素早く上達できたはずだ。しかし、凝り固まったカリキュラムはそれを許さなかった。では、私もいつか周りに追いつかれ、横並びの状態で大学を卒業する羽目になるのではないか？　中国語には「学ぶことは逆水を行く舟の如し、進まずんば則《すなわ》ち退く」という諺《ことわざ》がある。学びがないということは、後退するのと同じだ。私には向上心と進取の精神があったが、昭和的な価値観を凝縮させたような日文科はそれに応えてはくれなかった。それどころか、出る杭を盛んに打った。

早い話、私は才能の翼をへし折られ、凡人になるのが怖かったのだ。

今にして思えば、それもやはり幼い杞憂《きゆう》だった。結局のところ、日文科に四年間在籍し、必須単位を履修して卒業したところで、並みの学生はたいして日本語がうまくならない。日本語能力試験の最上級が取れるくらいのレベルには誰でも到達する（それは卒業の必須条件だった）かもしれないが、日本語の海は広い。能力試験の最上級など、果てしない海の彼方へようやく泳ぎ出したレベルにすぎない。私が中学・高校時代を通してこつこつと積み重ねてきた努力が、凝り固まったカリキュラムのせいで無に帰することは決してなかったのだ。

しかし、大学一年生の私はただの十八歳の、それも三十歳までしか生きられないだろうとずっとぼんやり思っていた若者だったので、視野も見識も狭かった。当時の私には日本語という海の浅瀬くらいしか見えていなかった。私は浅瀬を泳いでいるが、後ろの砂浜からわらわらと人の群れが追いかけてきた。決して彼らに追いつかれまいと、私は慌てて前へ前へと泳ごうとした。そんな時に、凝り固まったカリキュラムは足元に絡みつく海藻のように私を縛りつけた。焦りを感じ、憤りを覚えるのも道理だった。とはいえ、海は広い。海の彼方では見たことのない大陸が浮かんでいる可能性さえある。海藻に絡みつかれた状態で泳ぐのは息も詰まるし心もとないが、少しずつ進めば、いつか景色はぱっと開けてくるだろう。

もし十八歳の自分に伝言することが許されるのならば、焦らないでほしいと言ってあげたい。確かにカリキュラムは凝り固まっているし、先生たちの対応は理不尽だ。あなたが今感じているいらつきはとても理にかなっているし、週十二時間、一学期に十八週間、一年で計四百三十二時間の貴重な青春が学びのない状態で空費されるのは痛い。しかし、焦らないでほしい。怯《おび》えないでほしい。ひっきょう、大学時代なんて振り返れば一瞬だ。そこに気を取られないでほしい。あなたの先の道のりは、まだまだ長い。

日文科を専攻にするメリットもあった。日文科を専攻にしている以上、日本語の小説を読むのも、日本のドラマやアニメを観るのも、日本語の歌を歌うのも、すべて「お勉強」になるから、徹夜でドラマやアニメを観ていても「サボっている」と良心の呵責《かしゃく》を受けずに済むのだ。私はドラマやアニメをたくさん観て、気に入った台詞《せりふ》があるとそれを書き出した。その過程でリスニングとライティングのスキルがかなり磨かれた。小説で知らない単語に出合うと必ず辞書で調べ、自分で単語帳も作った。それで語彙《ごい》力がだいぶ上がった。新しい単語や文型を覚えるとそれを使ってみたくなるので、日本語で小説のワンシーンみたいな文章も書いてみた。好きな日本の音楽ユニットの曲は台詞が多いので、台詞を繰り返しつぶやくうちに口の周りの筋肉が次第に日本語の発音に慣れていった。

もちろん、真面目な勉強もたくさんした。日本語能力試験対策用の文型集を買ってきて、地道に文型を覚えていった。学外の日本語学習者と定期的に読書会もやった。高校時代は週に二回くらいの授業でしか日本語に触れられなかったが、大学時代は日本語にまったく触れない日のほうが少なかった。授業に出ると相変わらず学びの少ないストレスフルな講義が続いたが、授業の外の世界は広かった。気づけば、私はもう日本語能力試験の最上級に合格していた。それもぎりぎりではなく、かなりの高得点だった。足元に絡みついた海藻を、私は自力で断ち切った。

私が卒業した後のある年、日文科の後輩がカリキュラムに抗議し、学科に改善を求める運動を起こしたのをネットで知った。結果どうなったのかは知らない。どうなったとしても、私には関係のないことである。断ち切られた理不尽な海藻を、私は振り返らないことにした。

指数関数的成長期

何かが「上達」するというのはどういうことか、時々考える。

この問題は「どれくらい上達すれば『上達した』と言えるのか」、と言い換えられるかもしれない。

これは語学についてだけの疑問ではない。例えば学術の世界において、特定の分野についてどれくらい習熟していれば、その分野の専門家と名乗っていいのか、分からなくなることがある。

もちろん、客観的な指標はいくつかある。現代社会において学位が代表的なものだろう。ある分野で博士号を持っている人ならば、ひとまずその分野の専門家と見なして差し支えなさそうだ。次に肩書がある。もしある人が○○学の教授の肩書を有していれば、その人は十中八九、○○学に精通している。

しかし、これらの指標はあくまで外から与えられたものであり、実際には物事の本質——例えばその人の思考の精度や知識の総量など――とはあまり関係がないのではないか。博士号の学位授与式に出席した学生を想像するとよい。博士号を授与された「今日」と、修士号しか持っていなかった「昨日」とで、何か本質的な変化が起こっているとは考えにくい。そしてこれは「教授」や「部長」、あるいは「芥川賞作家」といった肩書についても言えることである。肩書の有無は、必ずしも専門性に関係しない。

こんなことを考えるのは、自分が一体い、つ、か、ら日本語が「上達」したと言えるのか、よく分からないからだ。自分はいつから、日本語が上達していると周りから認識されるようになったのか。あるいはいつから、日本語が上達していると自分が認識し始めたのか。自分の日本語学習史を振り返った時、「上達していない状態」と「上達している状態」を分かつ分水嶺《ぶんすいれい》がどこにあるのか、かなり曖昧である。

もし自分の日本語学習史を刻む客観的記録がたくさん残っていれば、それらの記録をデータとして発達の過程を分析することもできるかもしれないが（それは第二言語習得論の分野において間違いなく貴重なデータとなるだろう）、残念ながら記録はさほど残ってはいない。初級レベルの時に書いた下手くそな作文など、文字資料がいくらかあるにはあるが（こちらもそれほど多くはないし、文章で商売している今となってはその資料を公にするわけにもいくまい）、音声資料は皆無に近い。大抵の人が母語を獲得する過程を記憶していないのと同じように、私も日本語が上達する前の自分の発音を覚えていない。そんなわけだから、自分の日本語力の成長曲線を描こうと試みても、曲線の大半は記憶の混沌《こんとん》に覆われて見えてこない。

　とはいえ、客観的観察ではなく主観的回想に基づいて言えば、私は確かに日本語力の指数関数的成長期を経験している。成長途上の細かいことをはっきり覚えているわけではないが、その時期を乗り越えた後、ある日気がつけば日本語がうまくなった、というのが偽らざる実感である（余談だが、英語に関して私はそのような成長期を経験しておらず、今でも四苦八苦している）。書き言葉において自在に操れる語彙《ごい》や文型の量が増えたのは当然のこと、話し言葉においてもいつの間にか非母語話者特有のがくがくした状態から抜け出し、発音が滑らかなものになっていた。

　前にも書いたように、高校卒業時点での私の日本語力は面接で落ちるようなひどいものだった。しかし大学を卒業した時、私は問題なく日本語で日常会話をしたり、スピーチをしたり、論文を書いたりできるレベルになっていた。台湾大学日文科にはあまりいい思いを抱いていないが、私が学部時代に指数関数的成長期を経験したというのは紛れもない事実である。それはもちろん数え切れない小さな努力――日本のアニメやドラマを浴びるように視聴したり、台詞《せりふ》を書き取ったり、小説を読んだり、単語帳を作ったり――の積み重ねによるものだが、特筆すべき貴重な経験もいくつかあった。一つは日本への留学、もう一つは言語学との出合いである。ただ、それらの経験と比べればちっぽけで取るに足らないものに映るかもしれないが、ここで取り上げたいのは別のことである。Sound Horizonという音楽ユニットにハマったことだ

（誤解のないよう言っておくが、別にプロモーションを頼まれているわけではない。自分の日本語学習史を振り返った時、このことに言及しないのは不誠実だと思っただけである）。

Sound Horizon はサウンド・クリエイターの Revo が主宰する日本の音楽ユニットで、熱狂的なファンによって支えられているが、一般的な認知度はさほど高くなく、「国民的」とはとても言いがたい。むしろ Revo がのちに発足させた Linked Horizon というプロジェクトのほうが知られている。Sound Horizon は Revo のオリジナル作品を発表するプロジェクトだが、Linked Horizon は既存の作品（ゲームやアニメ）とのタイアップを中心にしており、例えばアニメ『進撃の巨人』の主題歌などを手がけている。「紅蓮《ぐれん》の弓矢」という曲が大ヒットしたおかげで、Revo は Linked Horizon 名義で二〇一三年の紅白歌合戦に出場した。

Sound Horizon と出合ったのは大学時代だった。あの時、私は普通のアニメソングや、いわゆるJ－POPの曲に飽き飽きしていた。理由は一言でいえば、「学びがなくなってきた」からだ。これまでも書いてきたとおり、日本語の楽曲は私にとって大事な学習リソースだったのだが、自身の語彙量が増えるにつれ、それらの曲から得られる言語的刺激（これは審美的満足とは別のものである）も物足りなくなってきた。「世界に一つだけの花」云々《うんぬん》の歯が浮くような綺麗事はもともと性に合わなかったが、そうでなくとも、歌詞で新しい文型や単語に出合える確率が下がってくると、大抵の歌は味気なく思えてきた。

Sound Horizon は言語的刺激をたっぷり提供してくれた。当時の私にとって学びたての文型が当たり前のように出てくるし、一曲ごとに未知の言葉の洪水に襲われた。Linked Horizonの大ヒットした「紅蓮の弓矢」でも「家畜の安寧」とか「虚偽の繁栄」とか「死せる餓狼《がろう》」とか「反撃の嚆矢《こうし》」とか、難しめの表現が鏤《ちりば》められているが、Sound Horizonの歌詞は輪をかけてひどい（褒め言葉）。いくつか例を挙げよう――「幾星霜《いくせいそう》」「戦火の叙事詩」「千の責苦が苛《さいな》む檻《おり》」「蒼氷《そうひょう》の石」「杳《よう》として」「多神教の偶像」「軍馬の嘶《いなな》き」「宵闇」「錯落《さくらく》なる幻想」「無明《むみょう》」「歪曲《わいきょく》」「下卑《げび》た」「磔《はりつけ》」「盲《めし》いた闇」。これらの語彙や表現は平均的なJ-POPではまず見かけない。難しい言葉がふんだんに使われる歌詞は一般的には敬遠されるだろうが、日光に向かって精一杯首筋を伸ばす向日葵《ひまわり》のように、私はそこに快楽を覚え、貪欲に吸収した。

言語的刺激だけでなく、Sound Horizonは審美的満足も提供してくれた。歌詞が洗練されているだけでなく、表現も豊かで、なおかつ形式美に富む。例えば「聖なる詩人の島」という曲にはこんな歌詞が出てくる。

哀しみは海の色　蒼《あお》く碧《あお》く／苦しみは波の音　強く弱く
閉ざした瞳は対《つい》の闇　暗く冥《くら》く／鎖《と》ざした菫《すみれ》は終《つい》の夢　甘く苦く

やや駄洒落《だじゃれ》っぽい趣向だが、「死と嘆きと風の都」にはこんな歌詞がある。

壁石《いし》を運ぶ者　乾いた音《ね》に打たれ／医師を叫ぶ者　地に臥《ふ》して虚しく
遺志を継《つ》げる者　奴隷の替え数多《あまた》／縊死《いし》を遂げる者　冥府への逃避行

私は文字のフェティシストだ。このように言葉選びから漢字の使い方、文字数の調整まで考え抜かれた歌詞を見て、ハマらない道理はなかった。ギリシャ神話やグリム童話などに材を取った物語性を持つ組曲形式もまた、文学好きの私の好みに合っていた。

Sound Horizonの曲にはもう一つ特徴がある。メロディに乗せない語りや台詞が多いことだ。中には歌がなく、ＢＧＭと語りだけの曲もある。それは学習者にとって好都合だった。曲を聴きながら、私はそれらの語りや台詞を諳《そら》んじられるようになるくらい繰り返し練習した。そんな練習は少しも苦にならなかった。「私だけのオアシス」章でも書いたのだが、日本語の歌を歌う時は甘酸っぱい飴玉《あめだま》を舌の上で転がしているようでとても心地よく、ちょっとした舌の運動になる。それは台詞についても言えることである。ただ、歌を歌うのは必ずしも発音の練習にはならない。メロディに乗せれば、アクセントもイントネーションも関係ないからだ。ところが語りと台詞はそういうわけにはいかない。メロディがないからこそ、アクセントとイントネーション、プロミネンス[*1]などの音声要素が大事になってくる。Sound Horizonの曲の語りは深見《ふかみ》梨加《りか》や大塚明夫のようなプロの声優・ナレーターが担当しているから、私はいわば、プロの声優の真似をしながら日本語の発音を練習していたようなものだ（そして言うまでもないが、それは教科書に出てくるような通り一遍の会話文を練習することよりよっぽど楽しい）。

言語学習の手法の一つに、「シャドーイング」というものがある。聞いた音声を少し遅れて復唱することである。研究によれば、音声を聞きながらシャドーイングをするほうが、単にテキストを音読するよりも、発音の特徴を忠実に再現できる。大学時代の私はシャドーイングという学習法をまだ知らなかったが、後になって考えれば、実は無意識に大量のシャドーイング練習をしていたのだと悟る。再現性があるかどうかは分からないが、それが私の指数関数的成長の秘密の一つだったのかもしれない。もっとも、たとえ再現性があったとしても、Sound Horizonの復唱に関してはあまり人に勧められるような学習方法ではないのだけれど。

＊1　簡単に言えば、「アクセント」は単語の中の相対的な高低差、例えば「箸」と「橋」の違いがそれである。対して「イントネーション」は文全体にかかるもの、例えば「肯定文は下降調で、疑問文は上昇調」がそれである。「プロミネンス」は強調するために、一つの文の中のある部分を際立たせて発音することである。

震災と留学

初めて日本に中長期滞在（三か月を超える滞在）をしたのは二〇一一年、東日本大震災の直後である。

震災について、私には特別な思いがある。もちろん、私は被災者ではない。しかしだからといって、東日本大震災は私にとっても決して他人事《ひとごと》ではなかった。あの震災は、人生の転換点に近接していた一つの出来事として、私の記憶のかなり重要な引き出しに納まっている。記憶の広野を振り返った時、そこには角張ったいくつかの丘がそばだっている。震災はその中でも比較的高いほうの丘である。

このエッセイを読んでいる読者の多くは、震災が起きたまさにその瞬間に、自分がどこにいて、何をしていたのかを、十年以上経った今でもありありと思い浮かべられるのではないだろうか。いつもと何ら変わらない午後、春の兆しを感じながら日常生活に没頭していると、それが突如襲ってきた。激しい揺れ、混乱、恐怖、交通機関の遅延と運休、そして連日連夜の報道の洪水、ネットに飛び交う真偽不明の情報、政府機関の後手に回った対応と、沸き上がる批判の声……。

震災の瞬間、私は台湾にいた。今でもはっきり覚えている。二〇一一年三月十一日金曜日、（いつも通りに）お昼まで寝た私は遅めの昼食を買おうと、学生寮の食堂に入った（台湾と日本の時差は一時間なので、午後二時前だったと思う）。料理を待っている間に食堂の片隅に置いてあるテレビをなんとなく眺めていたら、東京タワーが映っていた。テロップを見ると、私は呆気に取られ、目が釘付けになった。東京で大地震が発生、公共交通機関が麻痺《まひ》状態、東京タワーが傾いた——芝居がかった口調とマシンガントークのようなスピードで、ニュースキャスターがそう伝えていた。

あの時、私は早稲田大学への一年間の交換留学が決まっていた。出発は三月二十一日で、大学のオリエンテーションは二十三日の予定だった。渡航の準備が一通り終わり、来たるべき留学生活への期待に、私は胸を膨らませていた。

幸か不幸か、私の出発より十日早く、地震が日本を襲った。

それからの数日間は混乱を極めていた。テレビを見るたびに、ニュースサイトを開くたびに、新しい情報が流れていた。どうやら地震が津波を呼び、津波が原発事故を引き起こしたらしい。台湾も地震が頻発する島なので余震なら慣れっこだが、原発事故となると話は違ってくる。目に見えない放射線への恐怖は、報道が流れるたびに増幅した。台湾政府は東京を危険な地域に分類し、最もレベルの高い渡航中止勧告を発出した。ネット掲示板では情報が錯綜《さくそう》し、様々な論評と予測が飛び交った。東京でも放射能汚染で水道水が飲めなくなったとか、日本はこの震災で徹底的に駄目になるだろうとか、日本の東半分は原発事故で人が住めなくなるだろうとか、日本政府は東日本を切り捨てて関西で新しい首都を作ろうとしているとか。何が本当で何がデマか区別がつかなかったが、恐怖を煽《あお》りがちな台湾のニュースを見ていると、そのうち福島の原発が制御不能となって大爆発し、東京まで焼け野原になるのではないかという気がしなくもなかった。日本の震災に祝杯をあげよう！　とネットではしゃぐ無責任な野次馬どももいた。

しばらくの間、「震災」「放射線」「原発」「津波」は私と会う人たちが必ず口にする言葉になった。東京へ交換留学に行くことは友人には伝えていたので、みんな心配そうな顔をして「まだ行くの？」と訊《き》いてきた。私自身も躊躇《ためら》っていた。さすがに予定通りには出発しなかった。早大から、オリエンテーションと入学式は延期になったという連絡が入った。私は航空会社に電話し、航空券の日付を変えてほしいと頼んだ。電話口で、三月末までしか延ばせないと言われ、その通りにした。

在籍していた台湾大学から、「東京への交換留学はやめることをお勧めします」という趣旨のメールが来た。「もし留学を続行するなら、親／保護者の同意を得た上で、添付の誓約書に署名して提出してください」と続く。

当時の私は大学三年生で、当然のことながら成人していた。なぜ一人の成人が留学するのに親の許可が必要なのか、よく分からなかった。要するに何かあった時に親からクレームを入れられるのを避けたかったのだろう。提出を求められた「誓約書」というものも「すべて自己責任」という趣旨だった。

親に相談したところ、まったく意外ではないが反対された。親も様々な報道を見て、日本は危ない場所だと思い込んでいたのだ。とはいえ、親が日本の状況に詳しいかというと決してそうではなかった。日本に対する彼らの認識は、「大阪と東京は隣にあってすぐ行ける距離」くらい雑なものだった。

（ここまで書いて、どうしても台湾メディアの報道について文句を言いたくなった。まことに残念なことだが、台湾メディアの質は総じて日本より低い。これは私が台湾に嫌気が差し、日本に憧れた一因でもあった。台湾メディアは視聴率とアクセス数を集めるためにとにかく事実を誇張して報道しがちだ。東日本大震災をめぐる一連の状況を、まるで災害映画か何かのように嬉々《きき》とした口調で煽《あお》り気味に報道した台湾メディアが多数あった。取材と事実確認の不足による明らかな誤報も見受けられた。福島の原発が大変な状況になっている中、台湾の某テレビ局が「東電の重役が銀座に通った」ことを批判的に報じた。しかし映像に映っていたのは歌舞伎町だった。この種の低レベルのミスは、台湾メディアでは実によくあることだった。）

私はどうしても留学したかった。アジア随一の都市・東京と、私学の雄・早稲田大学に憧れを抱いていたというのもあるが、そもそもこの留学のために、私は背水の陣を敷いていた。というのも、台湾大学の学期は二月中旬にはもう始まっていて、科目登録もとっくに終わっていた。三月に留学を控えていた私は何の授業も取っていなかった(だから毎日お昼まで寝られたわけだが)。留学を取りやめにした場合、改めて科目登録を行うことになるのだが、すでに学期が始まって四週間が過ぎていたので、四週分の授業の内容を自力でなんとかしないといけないということになる。それはとてもきついことである。それに学生が多い台湾大学では、受講人数制限により取りたい授業をなかなか取れない場合が多い。三月下旬になって科目登録を行ったところで、履修できる授業数はたかが知れている。私はダブルメジャーの関係で通常の学生の二倍ほど単位を取らなければならず、そこにさらに一年間の交換留学が加わるので、時間割はかなりタイトだった。卒業を延ばしすぎないように、どの学期にどんな授業を履修し、どれくらい単位を取得し、交換留学中にはどんな授業を受け、単位をどう変換するかなど、すべて綿密な計画を立てていた。何もかも予定通りにいけば、五年間で卒業できる計算だった。ちょうど積み木を一つひとつ注意深く積み上げるように、私は予定が狂わないよう細心の注意を払っていた。単位を落とすなど論外だし、どこかで授業が取れないといったアクシデントが起きたら、ドミノ倒し的にすべての計画は修復不可能なくらい崩れてしまう。

状況を整理すると、当時の私には選択肢が三つあった。①留学を半年ほど先延ばしにして、渡航を九月にする。その場合、今学期は改めて科目登録を行うことになり、受けそこねた分の授業は自習でカバーしなければならない。それに加え、五年間で大学を卒業するのは絶望的になり、確実に六年目に突入する。卒業を延ばしたくなければ、ダブルメジャーをやめる（つまり学士号を一つ諦める）しかない。②留学自体を断念する。その場合、ダブルメジャーを五年間で完遂することはできそうだが、試験や学内競争で勝ち取った貴重な交換留学のチャンスを手放すことになる。③リスクを承知で留学を断行する。その場合、すべては予定通りに運ぶが、万が一原発事故の被害が広まったら、私も害を被ることになる。

私は③を選んだ。震災直後、多くの外国人が逃げるように日本を離れていく中、周りの留学予定者も続々と断念する中、私はひとり日本へ渡る決意をした。今さら留学を諦めたり先延ばしにしたりするのはあまりにも面倒だ。第一、服や本といった荷物はもう船便で日本へ送っていた。ここで予定変更したら、その荷物を何とか送り返してもらわないといけないという面倒も発生する。私は予定が狂うことと面倒くさいことが大嫌いだから、それは勘弁してほしかった。

留学の決意を親に伝えたら、電話で口論になった。最終的に「なんで親の言うことを聞かないの？　そんなに行きたかったら勝手に行きなさい、もう知らん」みたいな感じでキレられ、一応の同意を得たこととなった。

とはいえ、私だってまったく考えなしに渡航を断行したわけではない。東京に住んでいる友人が何人かいたので、彼らにメールを書き、東京の状況を確認した。飲料水や生活必需品の調達が少し難しく、時々計画停電もあるが、生活にはこれといった支障はない、といった返信が戻ってきた。台湾のニュースから受けた、今にも関東平野が焦土と化すかのような印象とはだいぶ違う。〈日本は本当に大変な状況になっているけど、僕はまた更に力強い国へと成長すると強く信じています〉と、一人の友人はメールでそう書いた。その一文から滲《にじ》み出る自信、そして芯の強さは、私には印象深かった。

そして三月三十一日、自分の体重と同じくらいの重さの荷物を引きずって、私は成田空港に降り立った。何度も乗り換えを重ねて高田馬場駅に着き、早稲田にある留学生寮に無事入居した。留学生寮はがらんとしていて、早稲田の街にもほとんど人影がなかった。初春の東京は夜になると気温が一桁に下がる。そんな寒さを経験するのは初めてだった。早稲田キャンパスの北門が面している坂道の桜だけが、悲しいほどに美しく咲き乱れていた。震災が起き、津波が襲いかかり、世の中が混乱に陥っても、桜だけが季節の摂理通りに咲いては舞い散ってゆく。

結論から言えば、あのとき勇気を出し、衆議を排して留学に踏み切って本当によかったと思う。確かに時々余震が起こり、計画停電も実施されていたが、生活にはなんら問題はなかった。通常より一か月遅れて、大学の授業も始まった。交換留学は、色々な意味で私の人生の転換点となった。あの実り多い一年間で、私は多くを経験し、多くを学んだ。咲き誇る桜も、色づく紅葉も、降り積もる雪も、すべてが初めてで、新しくて、美しかった。必ずしも美しくないものもたくさん見た。六月の滂沱《ぼうだ》の雨、中国人留学生から向けられた敵意、右翼の街宣車と街頭演説——しかし美醜も賢愚も、この国固有の風景であると、私は了解した。いつか東京に定住したいという意志を固めたのも、あの留学のおかげだった。もしあのとき震災の影響で留学を断念していたら、私はあるいは東京に定住することも、日本語で小説を書くこともなかったのかもしれない。

千万人《せんまんにん》と雖《いえど》も吾往《われゆ》かん、と孟子《もうし》が言った。いくら周りから反対されても、適度に独善を貫くことも時には必要なのだ。思い返せば、私はずっとこのように生きてきた。

新宿、ガラケー、円高

日本に着いて最初の数日間は、手続き事に追われていた。

私が住んでいたのは早稲田の留学生寮である。住所で言えば天下の新宿区だ。日本に到着した翌日（四月一日金曜日）、早速新宿区役所へ出向いた。区役所が東洋一の繁華街である歌舞伎町に位置しているのは驚きだった。

震災直後なので区役所は空《す》いているだろうと高を括《くく》っていたが、意外とそれなりに人がいた。私以外の外国人もたくさんいて、日本語が不自由な人も多かった。区役所に入るなり一人の来庁者に話しかけられ、何か質問をされた。手続きで困っていて助けてほしいようだ。しかし、彼女の質問を私はまったく理解できなかった。彼女が話していたのは韓国語だからだ。どうやら私を韓国人だと勘違いしたらしい。私は日本語で会話を試みたが、相手はほとんど日本語が通じず、二進《にっち》も三進《さっち》もいかなかった。しかたなく、近くの職員を呼び、対応を任せた。

新宿区は外国人住民の比率が高い（約一割が外国人）ので、区役所の職員も外国人対応には慣れている。外国人来庁者が片言の日本語（または英語）を喋《しゃべ》っても嫌な顔一つせず、丁寧に対応していた。各種申請書にも必ず英語や中国語、韓国語の説明と記入例が添えられていた。分からないことがあったら職員に質問すれば、何でも親切に教えてくれた。台湾の区役所で何か手続きをする時は（それがどんな手続きであれ）公務員に面倒くさそうな顔をされたり横柄な態度を取られたりして嫌な思いをするのが相場なので、新宿区役所の対応は私には好印象だった。

二〇一一年当時はまだ「外国人登録制度」が施行されていた。日本国籍を有しない者が日本に九十日以上滞在する場合は、役所で外国人登録を行わなければならなかった。登録すると「外国人登録証」という身分証明書が発行される。日本に住む外国人にとって、氏名や住所、国籍等の個人情報が記載されているこの「外国人登録証」がなければ、文字通りほぼ何もできない。健康保険に加入するのにも、銀行口座を開くのにも、携帯を買うのにも、アルバイトに応募するのにも登録証が必要だ。しかも常時携帯義務があり、登録証を持たずに出歩いて警察に捕まれば、刑事罰を科される可能性がある。その罰則はなんと、運転免許証不携帯より重い。日本という国は外国人に対してとことん「管理してやろう」という姿勢を貫いていることが、そうした制度からも分かる。

外国人登録証は手続きをすればすぐもらえるわけではなく、登録から発行まで三週間くらいかかる。その間に登録証が必要な場合は、代わりに「外国人登録原票記載事項証明書」を使う。証明書の発行には別途手続きが必要で、当然手数料がかかる。我慢できないほど不便というわけではないが、さりとて親切な制度とも言えない。

外国人登録制度で最も不便なのは、何と言っても一時出国する時だろう。帰省であれ出張であれ、一日であれ一か月であれ、とにかく一時的に日本から離れる予定のある外国人はあらかじめ入国管理局に出向き、「再入国許可申請」を行わなければならない。再入国許可は二種類あり、一回限りの許可と何回か使える許可だが、前者は三千円、後者は六千円かかる。再入国許可を受けずに日本を出てしまうと、在留資格は消滅し、日本に帰ってこられなくなる（永住資格であっても同じだ）。ほかの留学生は夏休みなどの連休で帰省していたが、私は三千円を払いたくなくて、留学中に一度も日本を出なかった。せっかく日本に来たのだからもとより離れる気がさらさらないので、この点に関しては別にかまわないのだけれど、それにしても不便な制度である。

また、不便というわけではないが、台湾出身者として「外国人登録制度」の国籍の扱いにはもやもやせずにはいられない。そう、台湾人の外国人登録証の国籍欄には「中国」と記載されるのだ。日本政府が台湾を国として認めない（したがって国交もない）立場を取っている以上、仕方のないことかもしれないが、いかんせん愉快な話ではない。しかも、台湾人は中国人として見なされるにもかかわらず、中国人とは扱いが違う分野もある。例えば奨学金がそうだ。日本政府は中国を含め、国交のある国からの留学生に何種類かの給付型奨学金を用意していたが、中国人留学生を対象にした奨学金を我々台湾人留学生は申請できなかったのだ。代わりに台湾人留学生が申請できる奨学金もあるが、金額は中国人留学生の半分だった。奨学金の額は、貧乏留学生にとっては死活問題だ。大学の奨学金説明会で隣に座っていた中国人留学生が受給できる額を聞くと、本当にもやもやしかなかった。まあ、あるだけマシなのだけれど。

二〇一二年七月に「外国人登録証」が廃止され、現行の「在留管理制度」に移行した。現行制度では「外国人登録制度」の代わりに「在留カード」が発行される。相変わらず常時携帯義務があり、不携帯には刑事罰があるが、いくつかの点で便利になった。まず、外国人登録証は登録してから三週間ほど待たなければならなかったが、在留カードは特定の空港から入国した場合、即時交付される。次に「みなし再入国許可制度」ができ、一時出国する時にいちいち入国管理局に出向かなくて済むようになった。そして、外国人登録証の「国籍」欄は在留カードでは「国籍・地域」になり、台湾人についてはこの欄の記載は「台湾」になった。

話を二〇一一年四月一日に戻そう。私はまず区役所の一階で外国人登録を行い、ついでに「原票記載事項証明書」を何枚か申請しておいた。次に四階に上がって国民健康保険の加入手続きをした。外国人登録証とは違い、保険証はすぐもらえた。そして一階に戻り、ゆうちょ銀行で口座を開いた。通帳もすぐ手に入った。生活基盤を整えるのに必要な手続きは区役所内でほぼ完結し、三時間もかからなかった。本当に便利である。

区役所を出て、今度は携帯を購入するためにビックカメラを訪れる。当時はまだガラケーが主流で、「パケ放題」的なプランにするのが一般的だったが、それだと月額四、五千円かかってしまう。貧乏留学生には厳しすぎる金額だ。少しでも節約しようと、私は最も安いコースを選び、さらには月額料金を半額にするプランや学生割引（学生証はまだないので入学許可書を使った）といったオプションをフル適用させた。結果、月々の料金は七百五円という計算になる。今にして考えれば、学生時代の自分の倹約家ぶりにはとことん感心する。

人生で初めて手にした（「ガラパゴス化した日本の携帯電話」という意味での）ガラケーは折り畳み式のピンクのもので、かなり可愛い。日本のドラマやアニメでよく見かけるような機種だなあと、私はしばし見とれた。一時期、ドラマではよくこんな描写が見られた――登場人物（刑事か企業の重役か、とにかく普段から陰翳《いんえい》を纏《まと》っているようなキャラクター）が何か悪い報告を聞かされた後、しかめっ面で携帯をパッと閉じ、物思いに耽《ふけ》る。携帯を握りしめる手が微《かす》かに震える。怒りが抑えられない時などは、携帯を真ん中から思いっきりパカッと二つに折る（いわゆる「逆パカ」）。それと同じような携帯電話を私が持っていると思うと、なんだか不思議な気持ちになる（残念ながら、登場人物の内面の葛藤や激しい感情を描くために使われたそれらのシーンは、スマホの普及により見られなくなった。さすがにスマホを「逆パカ」できる人はいないだろう）。

二年契約をして無料で手に入れた新品の携帯は軽く、表面はつるりとして触り心地がよく、細長い作りはとても手に馴染《なじ》む。ワンセグも、GPSも、フェリカも、トグル入力も、多種多様な絵文字も、すべてが新しかった。十一桁の番号と、初期設定がランダムな文字列になっている携帯用メールアドレスを取得すると、自分もこの国の土地に一人の構成員として存在をきっちり刻みつけたような気分になった。虚空を飛び交う目に見えない電波のうちのいくつかは、私に届けるために発信されたものだと考えると、自分は通りすがりの過客《かかく》ではなく、ここで暮らす一人の生活者になったのだという事実を噛《か》み締めた。赤外線通信機能で連絡先を交換するカルチャーも新鮮だった。赤外線ポートを向かい合わせると、瞬く間にプロフィールがやり取りされるあの仕組みを初めて見た時は感動したし、それを使いこなすことによって、私はこの国の若者たちに融《と》け込んでいた。[*1]

ビックカメラを出て、駅前ロータリーとスクランブル交差点を行き交う無数の知らない顔を、私はぼうっとしながらしばらく眺めた。黄昏《たそがれ》に傾く空は橙《だいだい》と紫に染まり、燃えるような赤い夕陽は高層ビル群へゆっくり沈みゆき、特徴的な外見のコクーンタワーが暮れの残光を反射してぎらつく。夕闇の中で、新宿のネオンはぽつりぽつりと灯り出し、下りかかった夜の帳《とばり》を極彩色に染め上げる。その美しく眩惑的な光景は、どこか予言めいてもいた。ここがアジアの心臓だ、自分は今、アジアの中心に立っているのだ――二十一歳の私は繰り返し心の中でそうつぶやき、湧き上がる感慨を幾度となく味わった。思えば、そんな感慨は夢や理想を求めて地方から上京してきた無数の日本人の若者たちのそれに似ているのかもしれない。さながら生まれたての雛鳥《ひなどり》の刷り込みのように、後になって何度も何度も訪れ、小説でも大事な舞台になっている新宿という街に、私はあの時、一目惚《ひとめぼ》れしたのだ。

週末をはさんで、月曜日、今度は品川の入国管理局へ出向いた。

品川駅港南口の、黒ずくめのサラリーマンたちが毎朝大行進を行う例の通路を初めて歩いたのはこの時だった。後になって自分も品川に通う通勤者の一人になり、通路の両側にびっしり並ぶ「エリアジャック」のディスプレイをうんざりするほど毎朝見上げることになるなど、むろん、この時は想像だにしなかった。

入国管理局へ行くのは、「資格外活動許可」を取るためである。

二〇一一年といえば、ちょうど歴史的円高の真っ最中で、一台湾元は二・七円になった。私のような貧乏留学生に、円高はとりわけ深刻な影響を与えた。もとより日本の物価は台湾の三倍ほどだし、東京は日本の中でも特に物価が高い。そこに円高が乗っかってくると、これはもう生活をぎりぎりまで切りつめないと到底生きてはいけなかった。[*2]

その昔、中国の唐代、白居易《はくきょい》は長安の都に上京し、詩壇の有力者・顧況《こきょう》を訪れて教えを請うた。白居易の署名を見ると、顧は彼をからかって言った。「長安米貴、居大不易（長安は米が高く、とても住みやすい場所ではないのだがね）」。ところが白の詩作「野火焼けども尽きず、春風吹きて又た生ず」を読むと、顧はすぐに態度を改め、「こんな句を詠む才能があるのなら、長安に住むのだって容易《たやす》かろう」と感嘆を漏らした。

しかし、もし大詩人の白居易が現代の東京を訪れたら、やはり「東京居、大不易（東京に住むのは容易くない）」と嘆くことになるのではあるまいか。東京で高いのは何も米だけではない。何もかも高い。

家賃のことから話そう。私が住んでいたのは前述の通り早稲田大学の留学生寮で、トイレ付きの自分の部屋はあるが、シャワーは共用で、浴槽はない。寮費は取りたてて高いわけではなく、東京の家賃の相場通りなのだが、それでも一か月分の寮費は、台湾大学の学生寮で一年以上住める額だった。台湾大学の学生寮が四人部屋であるという点を差し引いても、あまりにも差が大きい。

交通費も高い。当時、台北《タイペイ》メトロの最低運賃は二十台湾元（＝約六十円）で、学割があると十六元になる。ところが東京メトロの最低運賃は百六十円、ほぼ三倍になる。バスに至っては四、五倍になることもある。

食費の差は特筆に値する。高校時代、一日の食費を百元（＝約二百七十円）以内に抑えることがよくあった。大学時代でも大抵は二百元（＝約五百四十円）以内で済ませた。五百四十円は、東京では吉野家や松屋くらいでしか食べられない。吉野家は台湾にも進出しており、日本より少し高い値段で牛丼などを売っているが、日本での「うまい、安い、早い」のイメージとは大いに異なり、台湾では「ちょっとおしゃれなレストラン」というポジションに納まっている。少なくとも貧乏大学生が気軽に入れる店ではない。日本の大学生がよくやる飲み会の一回分の会費は、台湾にいた時の私の一週間分の食費に相当する。

とにかく節約しようと、一時期、私はよくドン・キホーテで買い物をしていた。安いのはもちろんのこと、当時のドン・キホーテのレジ横には「ジャストボックス」という一円玉が詰まっている箱が置いてあり、四枚以内なら使っていいことになっていた。その恩恵を最大限受けようと、私はいつも金額の端数が四円か六円になるよう計算しながら買い物していた。思い返せばケチなことをやっていたなと反省するが（労力のわりにたいして節約にはならない）、あの時の私がどれほど貧乏性だったのか、お分かりいただけたかと思う。

ある時、早大のサークルで知り合った日本人の女友達と一緒にランチを食べることになった。あのサークルは性質上、お嬢様の雰囲気を漂わせる女子部員が多く、ランチも裏原宿エリアのちょっとおしゃれな店だった。メニューを見ると、私は軽く眩暈《めまい》がした。すべての料理が千円を上回っている。なんて高いんだと私が溜息を吐《つ》くと、サークルの幹事長はあっけらかんとした顔で「そう？　これはだいぶ安いほうだと思うよ」と言った。そして一緒にランチに来ていた中国系アメリカ人の留学生に「どう思う？」と意見を訊《たず》ねた。その留学生が「うん、この値段は普通だと思う」と答えると、幹事長は「やっぱり価値観が違うんだね」と微笑《ほほえ》みながら私に言うのだった。いや、価値観が違うのではなく、経済能力が違うのだよ、と私は心の中ですかさずツッコミを入れた。

もちろん今なら、裏原宿のレストランの千五百円くらいのランチは、取りたてて高いとは決して言えないことくらい分かっている。しかし、あの時の私はまったく違う基準で生活していた。「高い」と「安い」の線引きは、周囲の日本人学生たちとだいぶずれていた。

そんなわけで、一年間だけの交換留学であるにもかかわらず、私にとってアルバイトは必須だった。留学ビザで来日する留学生がアルバイトをするためには、「資格外活動許可」が必要になる。

資格外活動許可が下りると、早速大学周辺でアルバイトを探し始めた。初めて日本語の履歴書を書いたのはこの時だった（今にしてみればひどい出来だった）。本が好きなのでブックオフで働きたかったがこちらは落ちて、ファミリーマートに拾われた。大学構内のファミリーマートである。時給は九百四十円と決して高くはないが、それでも台湾のコンビニ店員の三倍くらいだ。

最初の出勤日は四月十四日、日本に到着して二週間後のことだった。震災による人手不足の影響もあるとはいえ、そんな短期間でアルバイトを見つけてしまう交換留学生は自分以外にいなかったのではないかと考えると、少し誇らしい気持ちになった。この時、（震災で一か月延期になったため）授業もまだ始まっていなかった。

こうして私の交換留学は、勉学生活よりも、コンビニ店員としての生活のほうが先に始まってしまった。

＊1　台湾の携帯番号は十桁で、メール機能がなく、折り畳み式の機種も主流ではなかった。ワンセグもGPSもフェリカも赤外線機能もなかった。これらの機能を備える日本の携帯電話のガラパゴス化ぶりには実に目を瞠《みは》るものがあった。ちなみに、一年間の交換留学にもかかわらず二年契約をしてしまったおかげで、後の解約時に二万円くらいの違約金を払う羽目になった。

＊2　ちなみに、このエッセイを連載していた二〇二三年は歴史的円安で、一台湾元は四・五円である。二〇一一年当時と比べて、円の価値はほぼ半分に下がってしまった。私は歴史的円高の時期に留学生活を送り、歴史的円安の時期に日本円を稼いでいるのだから、不運としか言いようがない。また、台北の物価も東京とほぼ同じくらいになった。

コンビニ勤務記

台湾にいた頃、私は学力と学歴を活かしてもっぱら家庭教師のアルバイトをしていた。教えたことがあるのは国語と英語、そして日本語である。家庭教師は時給が高く、コンビニ店員の四、五倍だった。

ところが日本に来ると、台湾での学力と学歴は一切通用しなくなった。日本の義務教育も入試も受けたことがないし、台湾随一の大学に通っていても、日本では「何それ聞いたことない」状態である。当たり前だが、台湾の「国語」と日本の「国語」は内容が全然違う。日本語の家庭教師のニーズが日本にあるとは考えにくい。英語についても日本語で教えるのは難しく、そもそも一年間しか日本にいない外国人留学生を家庭教師に雇おうと考える保護者は皆無だろう。

では中国語を教えたらどうかとも考えたが、こちらもなかなか働き口が見つからない。近年、日本ではいわゆる「台湾ブーム」が起こり、台湾のプレゼンスが高くなるにつれ、台湾式の中国語（台湾華語）を勉強したいと思う人も増えたが、二〇一一年当時はそんな状況ではなかった。中国語を学ぼうと思う日本人は大抵、台湾人ではなく中国人に学びたがった。いや、その前に、当時の私に中国語を教えられるスキルがあったかというと、これもだいぶ怪しい。確かに私は中国文学を専攻しており、漢文や漢詩の教養がそれなりにあるし、文章力も高かった。しかし、源氏物語や枕草子を教えるのと、初級日本語を教えるのとはわけが違う。それと同じで、私は杜甫《とほ》や白居易《はくきょい》の詩を暗誦《あんしょう》したり、近体詩の格律について解説したりできるが、ピンインを効果的に教える方法を必ずしも体得してはいなかった。色々勘案した結果、私にできるのは肉体労働だけだった。

アルバイトはすぐ見つかった。大学構内のコンビニで、時給は九百四十円。留学生がアルバイトできるのは週二十八時間までだが、フルで働けば月に十万円ほど手に入る計算だ。当時の為替レートでは、台湾の並のサラリーマンの月収に相当する。心躍る数字である。

実はコンビニも採用されるまで、一波乱あった。もともと私が応募したのは大学近辺の店舗だった。面接してくれたのは三十代くらいの男性の店長で、日本語力を試すつもりらしく、「震災についてどう思いますか」とコンビニとまったく関係のない質問をされた。なんて言ったか忘れたが、あたふたしてうまく答えられなかった記憶がある。

たぶん本当に人手不足なのだろう、店長はすぐ採用しようとして、「じゃ来週月曜から働いてみてもらおうか」という話になった。ところがその時、五十代に見える女性がいきなり事務

所に入ってきて、

「もう採用なの？」

と詰問口調で店長に詰め寄った。店長がまごまごしていると、

「連絡待ち！」

と、女性は放り投げるように言い残し、事務所を出ていった。

後になって考えたら、その女性は恐らくエリアマネージャー的な立場の人なのだろう。つまり店長より偉い人である。女性の一言で、結局即日採用はされず、連絡待ちということになった。

数日後、店長から電話がかかってきた。マネージャーの意向によりその店舗での採用は難しいが、代わりに大学構内の店舗で働いてはどうか、ということだった。私にとって通いやすい学内の店舗のほうがむしろ好都合なので、すぐ了承した。

コンビニの仕事は、最初は挫折の連続だった。万屋《よろずや》と張り合えるくらい多岐にわたる業務内容を覚えるのがとにかく大変で、慣れるのに時間がかかった。服装（制服はネクタイ着用だが、ネクタイなんてしたことがない）やレジ操作、接客用語、品出し、レシートロールの替え方、袋詰め、ポイントカード、キャッシュレス決済（今ほど多くはないが、それでも何種類かあった）、宅配便、公共料金の集金、中華まん、コーヒーマシン、フライヤー、おでん、レジ点検、

掃除とゴミ出し、廃棄登録、戸締まりなど、すべてゼロから覚えなければならなかった。学内のコンビニなので煙草《タバコ》を売っていないのが幸いだった。でなければ吸いもしない煙草の銘柄まで覚える羽目になる。

業務内容もさることながら、言語的挫折が特にこたえた。すでに「指数関数的成長期」を経験し、日本語能力試験の最上級に高得点で合格していた私は、自分の日本語力にはそれなりに自信があったが、そんな自信は最初の数日間で音を立てて崩れてしまった。

まず、長ったらしい敬語の接客用語がうまく言えない。「（商品を）お預かりします」「ポイントカードをお持ちですか？」「〇〇円になります／でございます」「〇〇円お預かりします」「〇〇円のお返しです」「レジ袋はご利用ですか？／袋にお入れしましょうか？」「かしこまりました」「ありがとうございました」「またお越しくださいませ」——なんの変哲もないこれらの文を、私は文法的に理解できるし、自分で作ることもできるが、それをテンポよく言えるかとなると別問題である。

落ち着いた雰囲気の喫茶店やレストランならいざ知らず、コンビニの接客はとにかく効率が大事だ。日本人の店員を見るとみんな喋《しゃべ》るのが速くてなめらかで、平均して一文一秒しかかからない。私はそんなスピードで喋ろうとするとろれつが回らず、うまくいかないことが多い。

例えば「お預かりします」という文は八音節（正確には八モーラ）で、しかも最初の二音「お・あ」はともに母音なので言いづらい。これを「オアズカリシマスッ!」というふうに一秒以内で言おうとすると、しょっちゅう噛《か》んでしまう。同じように「かしこまりました」は八音節で、「ありがとうございました」となると十一音節だが、これもみんな一秒以内で言えている。一体なんでそんなに速く舌を動かせるか謎だが、自分もそれくらいできるようにならなければ、というプレッシャーを感じた。手を動かして商品のバーコードをスキャンしたりお釣りを受け取ったりしながら喋ろうとすると、これはもっと難しい。手元の作業に集中しながら、頭で文を組み立てて舌に乗せ、発音とスピードに気を配りながら声に出す。うまくいく時もあるが、緊張すると何が何だか分からなくなり、「〇〇円のお返しです」を言おうとして「〇〇円になります」と間違えて言ってしまうこともよくあった。

外国人なのだからそこまで早口で喋れなくてもいい、ゆっくりでも一言一言丁寧に伝えるのが大事だという考え方もあるが、私のプライドが許さなかった。こと日本語に関しては、日本人にできるようなことなら自分にできなくていい道理はないと、そう思っていた。

接客用語は所詮定型文で、毎日繰り返しているうちに自然と口が馴染《なじ》み、速く言えるようになった。ところがお客さんの言葉を聞き取ることとなると、これはまた別の難しさがあった。

こんなことがあった。ある男性のお客さんの商品をスキャンし、代金を受け取ってお釣りを返した後、私は、

「袋に入れますか?」

と訊《き》いた。「大丈夫です」とお客さんが答えた。

一秒くらい経ってから、お客さんはふと、

「すみません、&%$#ください」

と言ってきた。

その「&%$#」が私には聞き取れなかった。何かを所望しているのは明らかだが、その何かが分からないのだ。お客さんが発した「&%$#」という言葉は、私には「ラッパ」に聞こえた。ラッパ? 脳内の単語帳を検索し、漢字に変換しようとした。「ラッパ」と言えば「喇叭」しか思いつかない。しかし当然ながら、コンビニに喇叭など置いていない。ひょっとしたら私には分からない別の「ラッパ」があるのではないか? 商品名なのか? それともそも聞き間違いなのか? 聞き間違いだとしたら、お客さんの真意は何なのか? ラップ? ラップなら置いてあるが、欲しかったら自分で棚から取ってくればよくて、わざわざ私に言う必要はないだろう。あるいはラップではなく、カップ? コップ? タッパー? ラッパー? 河童《かっぱ》?

どうすればいいか分からず、私は立ち尽くしたまま、隣で見ていた店長に助けを求めた。

「すみません、日本語が聞き取れなくて……」

すると、店長はただ淡々と、「袋に入れてあげて」と指示しただけだった。

謎が解けた。そのお客さんが言ったのは「やっぱくださいい」だった。「やっぱ袋を、くださいい」という意味だったのだ。「~ください」という文型から、私はてっきり「&%$#」の部分が名詞だと思っていた。しかしお客さんが言ったのは副詞だった。「やっぱ」と「ラッパ」はたった一音しか違わないのに、その一音を間違えると全体的に聞き取れなかった。

またある時、一人の女性のお客さんはレジが済んだ後、私に話しかけてきた。

「%$&#%&$%#$&$%?」

ヤバい。完っ璧に、まったく、全っ然聞き取れなかった。当時店内が混雑していて騒がしかったせいもあるが、これほど何ひとつ情報が聞き取れないことって、ある？　これでも日本語を六年間勉強してきて、能力試験の最上級に合格している身なのだけれど？

私はまた店長に助けを求めた。すると店長は悠然と構えて、

「彼女とどっかで会ったことあるんじゃないの？」

と言った。

要するにこういうことだ。その女性のお客さんは早大の学生で、私と学内イベントで会ったことがある。しかし相貌失認を疑うほど人の顔を覚えるのが苦手な私は、彼女の顔を覚えていなかった。ところが向こうは私のことを覚えていて、私であることに気づき、話しかけてくれたのだ。彼女が話した内容は恐らく「こないだ○○のイベントで会った李琴峰さんですよね？」みたいな感じだったが、仕事に集中していた私はプライベートの会話であるという発想がなく、それゆえ見事に何も聞き取れなかった。

いくら教科書で勉強していて、試験で高得点を取ったとしても、実際に職場で使おうとなる

とうまくいかないことのなんて多いことか。自分の能力の限界を、コンビニのバイトで突きつけられた気がした。

最初こそこんな体たらくだったが、一か月経つとだいぶ慣れてきて、失敗も減ってきた。大学構内のコンビニだから友人や知り合いがお客さんとして来店するのは実によくあることで、そのたび少し恥ずかしい思いもするが、話しかけられても落ち着いて対応することができるようになった。

学内のコンビニは二十四時間営業ではなく、夜十時閉店なので、ラストまでシフトが入っている人は閉店作業をやらなければならない。床を掃除したり、ごみを捨てたり、フライヤーや蒸し器を洗ったり、コーヒーマシンの手入れをしたり、レジを点検したりなど、やることが多くて大変だった。

しかしラストならではの楽しみもある。食品の廃棄作業だ。賞味期限が近くなったサンドイッチや弁当、デザート、そして売れ残った中華まんや揚げ物はすべて廃棄の対象となる。廃棄になった食品は私たち店員のまかないになり、それがとても助かった。なにせ歴史的円高の真っ最中でお金がなく、少しでも食費を浮かせようと、私は毎回廃棄食品をなるべくたくさん持ち帰るようにし、寮の共用冷蔵庫に保存した。二、三日の間はそればかり食べた。

大袈裟《おおげさ》ではなく、バイト先から持ち帰った廃棄食品は、当時の私にとってはちょっとしたごちそうだった。普段の食事は自炊していたが、食材費と時間を節約するために、およそ料理と名乗るのも口幅ったい簡易なものばかり作っていた。パスタを茹《ゆ》でてレトルトのソースをかけたり、肉と野菜を適当に炒《いた》めたりして、一日二食か三食やり過ごした。コンビニで売っているような弁当や揚げ物やデザートはもったいなくてとても買えない。だからラストまでシフトが入っていて、廃棄食品を持ち帰れる日が来ると、いつも贅沢《ぜいたく》な気分になった。消費期限を少し過ぎたくらいでどうってことなく、冷蔵庫に二、三日置いたフライドチキンを加熱して食べるのも日常茶飯事だった。

バイトの同僚は早大生が多く、日本人と留学生が半々だった。留学生の中でも中国人が一番多いが、韓国人もいた。台湾人は私しかいなかった。

約半年間のコンビニ勤務で、印象に残った中国人留学生が二人いた。二人とも女性だった。一人目をAさんと呼ぼう。Aさんはもともと南京の大学で法律を専攻し、卒業後に公務員として働いていた。しかし、来る日も来る日も変わらない公務員生活に、彼女はある日、ふと怖くなったという。

「毎日毎日、同じ生活の繰り返し。自分の人生が急に、果てまで見えてしまったような感じなの。分かる？　将来の楽しみがもはや何もかもなくなった、あの感覚」

ある日の休憩時間に、彼女は私にそう打ち明けた。「私はまだ二十代なのに、六十代の生活まで想像できてしまうの。毎日職場に行って、お茶を淹《い》れて、座って、のんびりしてて、何もやらなくていい。仕事が上がったら両親と散歩したり、ちょっと運動したり、以上。私はまだこんなに若いのに、まだ二十代なのに、人生はそんなふうに決められてしまったの。それって本当に怖いことなの。分かる？」

そんな彼女は二年前、日本語が一言もできないにもかかわらず、たった一人で日本へやってきて、日本語学校に通い始めた。言葉ができないと当然働き口も見つからなかったが、日が経つにつれ日本語も上達していった。今年は早大の大学院にも受かったという。

しかし、そこに東日本大震災が襲いかかった。心配した両親に促されるまま、彼女は二年ぶりに帰国したが、日本に戻ってきた時、入学手続きや授業料納入の期限はもう過ぎていた。入学資格がなくなったのだ。しかたなく、彼女は留学ビザを維持するために日本語学校に通い続け、アルバイトもしながら来年度の入試に再チャレンジしようとしていた。

彼女が口にした「果てまで見えてしまった人生」への恐怖に、私は心の底から共鳴したし、楽しみが何もかもなくなってしまった将来を変えるために、勇気を出して言葉の通じない異国に思いっきり飛び込んだ彼女の勇気は、本当にたいしたものだと思った。安定を追い求めながらも安定を忌み嫌う、そんな若さゆえの二律背反が、当時の私の心境と響き合った。

Aさんと比べ、もう一人の中国人、Bさんにまつわる記憶はあまり愉快なものではなかった。はっきりさせておかなければならないが、私は中国人に反感を抱いていない。むしろ共通の言語と文化があるので共通の話題を見つけやすく、仲良くなりやすい。中国人といっても様々な性格、様々な価値観の人がいるので、国籍で人を一括《ひとくく》りにして決めつけるのは愚の骨頂である。

しかし、中国と台湾の複雑な歴史と地政学的な緊張関係は、無視できない背景として厳然と存在している。そんな背景の下で、私は中国人と接する時にまったく警戒心を抱かないと言えば嘘《うそ》になる。こちらがなるべく相手を国籍で括ったりせず、一個人として接するよう心がけても、相手が同じように接してくれるとは限らないからだ。

十八歳の夏休み、イギリスに語学留学した時に十七歳の中国人の若い女の子と会ったことがある。そんな彼女の口癖は、「私は中国人です。私は中国を愛しています」だった。私が台湾出身だと分かると、「私は中国人です。私は中国を愛しています」の台湾語を教えてほしいとねだった。

私は空恐ろしかった。およそ愛国心と呼べるようなものがなく、どちらかというと国家の管理と束縛から自由になりたいと願う私は、洗脳されたように何度も何度も「私は中国人です。私は中国を愛しています」と唱え続ける十七歳の女の子を目の当たりにすると、一体どんな教育を受けてきたのかと想像せずにいられなかった。彼女は日本人を毛嫌いしていたので、私が日本語を勉強していることも彼女には伝えなかった。

もちろん、そんな人は少数の例外なのだろう。しかし例外でも、実際に会ってしまったら、本当にどうしようもないのだ。

Bさんの話に戻ろう。Bさんも女性で、私より少し年上で、早大の大学院に通っていたらしい。コンビニの勤務歴も私より長い。早い話、「先輩」なのである。私は彼女と仲良くしようと時々話しかけたが、彼女はあくまで冷たい態度を取っていた。

ある時シフトが終わり、たまたま彼女と事務所で二人きりになった。何か話題を見つけないとと思い、私は中国語で彼女に話しかけた。

「実は最初、Bさんのことを台湾人だと勘違いしていたんです。Bさんが喋る中国語は、あまり中国的なアクセントが感じられなかったから」

私としては純粋に言語学の話をしているつもりだった。台湾式の中国語と中国式の中国語は、音韻面でも、語彙《ごい》面でも、文法面でも、違いがあるのは厳然たる言語学的事実である。母語話者なら大抵の場合、少し聞けば中国出身なのか台湾出身なのかすぐに分かる。中国人なら、中国語のアクセントでおよその出身地域まで判断できることもある。このように多種多様な中国語が存在するという事実は、中国語という言語の豊かさを示していると私は考えている。そして実際、Bさんの中国語は、少なくとも当時の私の耳には典型的な中国式の中国語には聞こえなかった。

しかし、彼女はそう思っていなかったようだ。私の言葉が神経に障ったらしく、彼女はすかさず私にこう言い放った。

「言葉なんかで分けてもしょうがないよ。どうせ台湾だろうと中国だろうとみな中国人なんだから」

いきなりの剣幕に頭が空っぽになり、どう対処すればいいか分からず私が立ち尽くしていると、彼女はさらにまくし立てた。

「そもそもなんであんたは日本人の名前なんかつけてるわけ？　中国人だとばれるのがそんなに嫌なの？」

確かにあの時、私は大学の通称名制度を使って、自分に日本的な名前をつけていた。学生証にも通称名が記載されていたし、コンビニのバイトの名札でもその名前を使っていた。私にとってその名前は外国人であることを過度に意識されることなく、日本人学生に融《と》け込むための手段だった。自己紹介するたびに外国人だと分かり、その時点で異質な存在として見られるのが嫌だったのだ。当然のことながら、通称名を使おうが使うまいが私の自由で、他人にとやかく言われる筋合いはないが、Bさんはそれをよく思わなかったのだろう。だからずっと私に冷たく接していたわけだ。

自分への敵意を剝《む》き出しにしたBさんを前に、私は反応に窮した。なんでこんなことを言われなければならないのか分からなかった。黙りこくっていると、言いたいことだけ言ったBさんは荷物を手に取るやいなや、そそくさと事務所を出ていった。遠ざかるBさんの背中を、私は呆然と見送ることしかできなかった。

Bさんとの一件で、あのコンビニは私にとって居心地の悪い場所になってしまった。Bさんは先輩で、勤務歴が長く、店長からも重宝されていた。彼女と関係を悪くした私は、出勤するたびに針の筵《むしろ》に座らされる気分になり、ストレスばかりが溜まった。BさんとAさんは仲がよく、二人が裏でどんな話をしたのか分からないが、そのうちAさんまでもが冷たい態度を取り始め、私は一層孤立した。このことは店長にも相談しにくい。私とBさんとのぎくしゃくは結局のところ、台湾と中国の緊張関係を背景にしている。日本人の店長には理解しづらいことだろう。

初めの頃は、なるべく二人と被らないようシフトの希望を出していたが、次第にそれも嫌気が差してきた。授業やサークル活動が忙しくなったこともあり、結局半年足らずでコンビニのバイトをやめてしまった。

公平を期して言うと、中国人がみなBさんのように攻撃的というわけではないし、台湾人から嫌な思いをさせられた経験も私には多々あった。

あれから数年後のこと、マッチングアプリで日本在住の台湾人レズビアンと知り合った。ネットでやり取りしているうちに私たちは意気投合し、実際に会ってみて、気が合えば付き合おうという話にもなった。しかし実際に会って話をしてみると、彼女はなぜか終始冷淡な態度を取っていた。別れ際、彼女は私に捨て台詞《ぜりふ》を吐いた。「なんであんたは中国人の喋り方なんかを真似するの？」

　私は中国人の喋り方を真似するつもりなど毛頭なく、ただ自分が綺麗《きれい》だと感じる発音の仕方で話していただけだが、どうやらそれが彼女には中国人っぽく聞こえて、癪《しゃく》に障ったらしい。それっきり、彼女とは二度と連絡を取らなかった。

　自身のアイデンティティへのこだわりから他者を攻撃したり、細かな発音の相違をナショナリズムに強く結びつけたりする人が、世の中には実にたくさんいる。その中の一部は、たとえ生まれ育った国を出て異国で暮らすことになっても、生国《しょうごく》の呪縛からは逃れられない。台湾人というバックグラウンドを背負っているだけで、私は幾度となくそうした事実に直面する羽目になり、そのたびになんとも不毛な気持ちになった。あるいは不毛こそが世界の実像かもしれない。そういう意味で、私は作家になって本当によかった。不毛の地でもなんとか言葉を育む養分を見出《みいだ》すのが作家の営みだ。コンビニで働くことは恐らく今後もうないだろうが、留学時代の勤務経験は後に『星月夜《ほしつきよる》』という小説の貴重な養分になった。

修業時代の洗礼

私の留学先は別科日本語専修課程というところだった。

文学部や法学部といった一般的に知られる学部・学科とは違い、別科は日本語や日本文化、日本事情の講義を開講する、もっぱら留学生を対象にした教育プログラムである。正規の教育課程であることに変わりはないが、ほとんどの日本人学生はその存在すら知らないので、「李さんは何学部ですか？」と訊《き》かれたら、説明はかなり面倒だった。こうこうこういうことですとなるべく正しい説明を心がけても、結局「それってつまり文学部？」と首を傾《かし》げられたり、「よく分かんないけどそういうところもあるんだね」と中途半端な雰囲気になったりすることが多い。

早稲田大学の別科日本語専修課程では入学時にプレイスメントテストが行われ、留学生たちは日本語力によってレベル1から8に振り分けられる。開講される科目名には「コミュニケーションのための敬語表現2－3」「絵本を読む3－4」というふうに、レベルを示す数字がついている。初級にあたるレベル1と2では「総合日本語」で聞く・話す・読む・書く力を総合的に磨くことが多く、中級のレベル3〜5に上がると「オノマトペを学んで、話そう4－5」「季節で学ぶ日本と日本語3－4」のように、より多彩な科目が受けられる。上級・超級のレベル6〜8となると、「日本語の論文を読む8」「新聞を読む8」など専門性が高い授業が多くなる。

震災で延期になったものの、五月に入ると学期が始まった。プレイスメントテストの結果、私は一番上のレベル8に振り分けられた。当時履修していた科目名の一部を書き出してみよう。

大学院受験のための日本語7－8
ディベートの技術7－8
研究レポート・研究論文の基礎8
現代日本語で読む日本の古典7－8
日本語で学ぶ国際関係論7－8
近現代文学を分析する7－8
日本語辞書にない日本語7－8
俳句を作る・短歌を詠む7－8

並べるだけで胸が躍る、楽しそうな科目名ではなかろうか。

留学生向けの日本語科目だから日本語が上手《うま》ければ楽ちんと思われるかもしれないが、そうとも言い切れない。レベル8にもなると「日本語を学ぶ」というより「日本語を使って何かを学ぶ」という側面が強くなるので、どの授業もかなり骨があり、専門性の高さは一般の日本人学部生対象科目と大して変わらない。

例えば「日本語で学ぶ国際関係論」という科目では、毎回異なるテーマを取り上げる。各テーマには担当者が振り分けられており、担当者による発表のあと、受講生全員でそのテーマについて討議をする。授業のあとで毎回、千文字程度のコメントの提出が求められる。取り上げられたテーマは、国際化、外交問題、戦争責任、憲法九条、ODA（政府開発援助）、尖閣《せんかく》諸島、日系人、二重国籍問題、予防外交、エネルギー資源などと、なかなかに硬派だ。

「俳句を作る・短歌を詠む」という科目では毎回俳句や短歌を数首作り、提出することを求められた。授業では実際の句会や歌会にならって他者の作品を講評したり、投票で優秀作を選出したりする（私には俳句と短歌の才能がないことをこの授業で思い知らされた）。

「日本語辞書にない日本語」は著名な辞書編纂《へんさん》者・飯間浩明先生が講師だった。国語辞書に載っていない言葉をファッション誌などで探し、用例を集めて発表するという趣旨の授業である。そう、言うなれば三浦しをん『舟を編む』に描かれる辞書編纂作業の体験のような講義だ。

「ディベートの技術」では、コンビニにおける成人向け雑誌の販売や、自動販売機の規制の是非など、様々な論題について下調べをしたうえで、チーム戦形式でディベートに臨む。受講者はディベートの実戦のみならず、審判も行う。

「研究レポート・研究論文の基礎」では、受講生は各自の研究テーマを決め、短い研究論文を一本仕上げるつもりで授業に臨む。構想の立て方から研究計画の作り方、調査のやり方、論文の書き方まで一通り習ったうえで、調査をやりながら大学院のゼミのように毎週進捗《しんちょく》を報告し、学期末には論文を提出する。

それらの日本語科目で、印象に残ったエピソードがいくつかあった。

「近現代文学を分析する」という授業では毎回、受講生が読みたい短編小説を選び、みんなで読んだうえで討議をする。これはレベル7〜8の授業である。一般的にこのレベルの授業になると、受講生はほとんど旧漢字文化圏（中国、韓国、台湾など）の人ばかりになるが、なぜかあの授業では欧米出身の受講生が多かった。

私は中島敦の「山月記」を課題に選んだ。高校の国語教科書の常連になるような名作だし、あの古風で美しい漢文調の文体に私は大いに魅了されていたからだ。ほかの受講生に、「ほら、こんな日本語もあるんだぞ、日本語でこんなこともできるんだぞ」と見せてあげたい気持ちもあったのだろう。いや、意地悪したいという気持ちが少しもなかったと言えば嘘《うそ》になる。ともあれ「山月記」を読む回になると、案の定、非漢字文化圏出身の受講生はことごとく音を上げた。

「読めない漢字が多すぎるよ」と、一人の受講生が嘆いた。

「頑張りましょう！　これはレベル8の授業でしょ？」と私が言った。

「この小説、レベル10くらいあるよ！」もう一人の受講生が不服そうにぼやいた。

それもそうだ。「博学才穎《さいえい》」とか「性、狷介《けんかい》」とか「自ら恃《たの》むところ頗《すこぶ》る厚く」「容貌も峭刻《しょうこく》となり」「肉落ち骨秀《ひい》で」とかの表現が普通に出てくるのだから、私が中国語母語話者でなければやはり音を上げていたのだろう。今にして思えば少し申し訳ない気持ちになる。しかしよく考えれば、こちらだって英語を学ぶのに四苦八苦しているのだから、日本文学の授業くらい、彼らに言葉の壁というものを実感してみてもらってもいいのではないだろうか（ちなみに、この科目には期末レポートも課されていて、私は山田詠美「風葬の教室」について書いた）。

また、「ディベートの技術」の授業で、論題は受講生が提案することになっているが、私は「同性婚法制化の是非」を提案した。私の案を聞いた先生は少し躊躇《ためら》いの色を見せ、「ほかの受講生の意見も訊いてから決めたい」と言った。最初は、同性愛者に反感を抱く受講生もいるかもしれないから彼らに配慮しているのかなと思ったが、とんだ勘違いだった。あとで先生は私に、「受講生の中に同性愛者の方もいるかもしれず、無闇に同性婚を論題にすると傷つく人がいるかもしれない」から、躊躇《ちゅうちょ》したのだと説明した。このことで、先生に対する好感度が一気に上がった。

先生が知らなかったのは、この論題を提案した当の私がまさしく同性愛者だったということである。身近な論題だからこそ、授業で提案したのだ。

後になって、やはりそんな議題を提案すべきではなかったと反省した。私以外の同性愛者がいる可能性があるし、私が平気でも、反同性婚の意見が教室活動の一環として堂々と述べられることで傷つく人がいないとも限らない。そもそも、当時は二〇一一年だった。世界で初めて同性婚が実現する国（二〇〇一年、オランダ）が現れてから、もう十年経っている。同性婚が法制化した国からの留学生にとって、婚姻の平等はそもそも議論に値しないことで、いわば基本的な人権なのだろう。反対意見を述べること自体、人権感覚を疑われる。そんな議題で否定側に割り当てられたら、心理的負担はかなり高いと思われる。

しかし、二十一歳の私はそこまで考えが及ばなかった。二〇一一年当時、日本であれ台湾であれ、同性婚は実現するどころか、社会的議論の議題にすら滅多に上がらなかった。あの頃の私にとって日本と台湾こそが世界のすべてなので、同性婚が法制化している国が世界にあることすら（知っていたことは知っていたと思うが、あまりにも遠い世界なので）意識にはなかったのかもしれない。なんて愚かで無知だったのだろう。ディベートの授業で同性婚法制化の是非というセンシティブな議題を提案することで、私はヘテロ中心主義の社会にささやかな挑戦状を突きつけた気になったが、結果的に自らの視野狭窄《きょうさく》っぷりを晒《さら》してしまった。

どれほど負担の重い授業であっても、留学生を対象にした日本語科目は一コマ（九十分）につき一単位しか与えられない。別科生に取れる単位数を目一杯取得するために、私は日本人学生も対象になるオープン科目（一コマにつき二単位）をいくつも履修した。留学生しかいない授業と比べ、こちらのほうがずっとチャレンジングである。「手の焼ける生徒なのだ」章で触れた石黒圭先生の授業もこの時期に取ったものだ。ほかには国語学者の笹原宏之先生の授業や、『源氏物語』の宇治十帖《じょう》を原文で読む授業も取った。

源氏物語の授業は文学部が開講するオープン科目で、私はサークルで知り合った文学部一年生の友人のKさんといつも一緒に出ていた。Kさんは埼玉県の実家から通っていて、通学時間は片道二時間だった。そんな長い通学時間も台湾では考えられないが、ある日の出来事が特に私の印象に残った。

私もKさんも比較的勉強熱心で、いつも教室の最前列に座っていた。遅刻も欠席も滅多にしない。しかしその日、授業が始まってもKさんはなかなか来ない。講壇の上で、先生は浮舟の宿命について説明していたが、私はKさんのことが気になってしかたなかった。すると、Kさんからメールが届いた。「ごめんね、授業は少し遅れる。電車の中で痴漢に遭っちゃって（汗の絵文字）」

痴漢⁉　日本の電車では痴漢が頻発するのは聞いていたが、身近な人が被害に遭うのはそれが初めてだった。Kさんのことが心配で、先生の話がほとんど耳に入らなかった。

Kさんは三十分ほど遅れてやってきて、ごめんごめん、と小声で謝りながら私の隣の席に腰かけた。そして教科書を取り出し、いつも通り授業を聞き始めた。授業中は話しかけにくいので、私は授業が終わるまで待った。

「大丈夫だったの？」

授業が終わり、私はKさんに訊いた。

ところがKさんは、

「うん？　何が？」

と、あっけらかんだった。

「痴漢に遭ったって」

と私が言うと、

「あぁー」と、Kさんはようやく思い出したような表情になった。「大丈夫大丈夫、全然」

「駅員に突き出したの？　痴漢」

「いや、してない」

「えっ？　してない？　じゃ痴漢は捕まったの？」

「どうかな、捕まってないと思う」

「そんな……」

私が一大事だと考えていた痴漢は、どうやらKさんにとっては騒ぐほどのことじゃないらしかった。遭ったらもちろん不愉快だし迷惑だが、相手を捕まえたり駅員に突き出したりやったやってないで揉《も》めたりすることで時間を取られるのはごめんだと、そういう類のことだった。きけば、Kさんは高校時代にもよく痴漢に遭っていたという。特に何々線だと痴漢が出やすくてね、とKさんは平気な顔で説明した。

そんなの日常茶飯事です、と言わんばかりのKさんの反応が私には衝撃的だった。被害者がそんな反応になるほど、日本では痴漢が頻繁に起こっているという現実が驚きだった。そんなのは慣れるもんじゃないでしょ、私が遭ったら絶対捕まえて駅員に突き出すよ、犯罪なんだから懲らしめてやらないと、と気の強い私は思った。

しかし、後に自分が痴漢に遭った時(日本に住んでいる女性で痴漢に遭ったことがない人は一体どれくらいいるのだろうか)、言うは易く行うは難しというのを思い知った。触ったのを立証することも難しいし、問題化して注目されるのも嫌だし、何より、急いでいる時にそんなクズ人間に構ってやろうという気持ちには、本当になれなかった。時間を取られること自体が悔しいのだ。執念深い私でさえそう思ったのだから、我慢してやり過ごす人が多いのも頷《うなず》ける。

かくして、日本の痴漢問題の深刻さは、Kさんと一緒に取った源氏物語の授業とともに記憶に刻まれた。


私が履修していたオープン科目のうちのいくつかは、「日本語教育学」のものだった。簡単に言えば、日本語を母語としない学生にいかに日本語を教えるかを研究する学問分野である。当たり前だが、日本人であれば誰でも日本語を教えられるわけではないし、日本人でなければ日本語が教えられないわけでもない。日本語を効果的に教えるのには知識と技術が必要で、対象（大人か子供か、日本在住か海外在住か、学習の動機と目的は何か、どんな学習スタイルかなど）によっても方法論が異なる。

これは私と日本語教育学との出合いであり、この出合いは、後の大学院進学にも繫《つな》がった大事な転換点となった。日本語教育学と、その基礎となる言語学／日本語学についてはまた改めて取り上げることとしよう。ここでは印象に残ったエピソードを一つ書くこととする。あまり愉快なエピソードではないのだが……。

それは日中対照言語学の授業だった。対照言語学は、任意の二つの言語を共時的に比較することによって、その異同を明らかにする言語学の一分野である。このような比較は「対照分析」という。対照言語学で得られた知見は、誤用の分析や母語干渉の仕組みの解明など、言語教育に応用できるものが多い。

本来なら、日中対照言語学は極めて興味深い学問分野のはずだ。日本語と中国語は千年以上の交流の歴史を持っており、語彙《ごい》面のみならず文法面においても音韻面においても互いに多大な影響を与えてきた。この二つの言語の異同を明らかにすることで、中国語を母語とする日本語学習者、または日本語を母語とする中国語学習者への言語教育に応用できる余地が大きい。

ところが、あの授業はお世辞にも面白いとは思えなかった。

日本人学生も留学生も取れるオープン科目だが、三十人の受講生のうち、日本人は七人しかいなかった（普通、オープン科目は日本人学生が多数を占めるはずだ）。その上で、日本人の受講生はほとんど中国語ができず、留学生の日本語力も散々だった。

前述したように、対照言語学は二つの言語を比較する分野だ。当然、その二つの言語についてある程度の知識と語学力がなければ、対照分析には到底取り組みようがない。そして残念ながら、対照言語学に取り組めるだけの語学力を備えている受講生は、あの授業にはほとんどいなかった。

先生はどの大学にも何人かはいそうな、歳《とし》を取って耳が遠くなり、生徒を厳しく指導するだけの気力はもうないので授業は放任主義だが、とっくにテニュアを取得しているので立場が保障されているおじいさんだった。かつては目覚ましい研究業績を残し、専門分野においてはそこそこ深い知識を備えているかもしれないが、今や歳に負けて、授業をこなすにも「力不従心《意余って力足らず》」という感じの先生である。

さて、授業で課された課題は、いくつかのグループに分かれ、それぞれ中国語のテキストを一つ選び、日本語に翻訳しようというものだった。翻訳の過程で対照言語学的な発見が得られると先生は考えていたのだろう。

テキストを決める段になって、文学好きの私はもちろん小説を提案し、何人かの作家の名前を挙げた。邱妙津《きゅうみょうしん》、朱天文《しゅてんぶん》、朱天心《しゅてんしん》、白先勇《はくせんゆう》——しかし誰も聞いたことがない。グループでは台湾人は私だけで、あとは中国人と日本人だった。私が挙げた名前はみな台湾文学の作家だから、知らないのも無理はなかった。

私は邱妙津を推し、彼女は台湾のレズビアン文学の代表的な作家だと紹介した。すると、一人の中国人男性は嫌な顔になり、「もう少し普通のテーマにできないの？」と言った。普通って何？　と突っかかりたかったが我慢した。

結局、張愛玲《ちょうあいれい》の小説に落ち着いた。翻訳作業自体は楽しかったが、それを授業で発表しようということになると、これはもうグダグダの一言に尽きる。語学力が圧倒的に足りない学生が翻訳ごっこをして「成果」を発表したところで、聞く側にとって得るものは何もなかった。どんなひどい「訳文」を見せられても、歳を取った老先生は厳しく指摘したりせず、ただ半目で頷くばかりだった。勉強にならないのだから当然の成り行きとしてみんなサボり始め、学期の途中には受講生の半分しか出席しなくなった。私のグループに関しては、一人はしょっちゅうサボり、一人は人間蒸発がごとく雲隠れしたので、課題は残りの三人に――主に私に――押しつけられていた。

仕事ができない人と仕事をする時に必要な忍耐力がたっぷり鍛えられる授業だった。これもまた修業時代の洗礼なのだろう。とはいえ、そんな忍耐力は今もあまり持ち合わせていない自覚があるのだけれど。

音を科学する魔法

伝統的な中国文学科というのはただ文学をやっていればいいというわけではない。修めなければならない学問分野は大きく分けて三つある。文学、哲学、そして言語学である。

そもそも「文学」という言葉は本来、西洋で言うliteratureを指しているわけではない。『論語』には「四科十哲」とあり、「四科」とは「徳行、言語、政事、文学」という四つの科目のことだが、ここの「文学」とは「文章による学問全般」のことである。伝統的な漢籍図書分類法の「経」「史」「子」「集」は全部「文学」と言えるので、その指し示す範囲はliteratureとしての「文学」よりずっと広い。

台湾大学の中文科は台湾最古の中文科だけのことはあって、その伝統をきちんと踏襲している。詩詞歌賦や小説といった狭い意味での「文学」のみならず、哲学と言語学も必修である。哲学の分野では、孔子、孟子《もうし》、荀子《じゅんし》、易経《えききょう》といった儒家思想や、インドから輸入された仏教思想、宋明理《そうみんり》学《がく》などについて学ぶ。

一方の言語学では、現代的な一般言語学を修めた後、中国の伝統的な言語学である「文字学」「声韻学」「訓詁《くんこ》学」について学ぶ。大雑把に言えば、「文字学」は漢字の字形、「声韻学」は字音、「訓詁学」は字義を研究対象としている。中でもとりわけ「声韻学」が抽象的で難しく、「中文科の理系科目」として文学好きの少年少女たちに敬遠されていた。

言語学は、それまで見たことのない新しい世界を私に見せてくれた。魔法のような科目だと、私は感動した。色も形もないし触れられもしない、発した傍《そば》から消えていく「音」としての言語を、なんと目に見える形にとどめ、科学的に分析できるというのだから驚きだ。言語学との出合いは、知的好奇心を満たしてくれたのみならず、自分自身が使う日本語を客観的に観察し、修正する視点を与えてくれた。それが日本語力の向上に大きく寄与した。

現代の言語学で、言葉の「音」を研究対象とする分野は「音声学」と「音韻論」である（中国の伝統的な「声韻学」とは違う）。前者は音声の物理的な特徴に着目するのに対し、後者は言語としての機能に重きを置き、抽象化を試みる。

例を挙げよう。例えば日本語[*1]の「箸」と「橋」は、音節構造はまったく同じだが、アクセントだけが違う。言い換えれば、この二語を弁別する要素はアクセントのみである（このような意味の異なる最小対立のある単語のペアを、言語学では「ミニマル・ペア」という）。「箸」は「ハ」が高くて「シ」が低い。逆に、「橋」は「ハ」が低くて「シ」が高い。このような音程の高低関係が、この二語を区別している。

しかし当然ながら、私たちが喋《しゃべ》る時に、一人ひとり声の高さが違う。声帯の構造や発声の方法により、平均的に言えば女性の声は男性より高い。換言すれば、女性の声の周波数は男性より高い（ヘルツの値が大きい）。とはいえ、喋っているのが男性だろうと女性だろうと、周波数がどれくらいだろうと関係なく、正しく発音されていれば、私たちは「箸」と「橋」を聞き取り、区別することが可能だ。つまり、私たちが「箸」「橋」を聞き取る時に鍵となるのは周波数の具体的な値（＝物理的な特徴）ではなく、あくまで抽象化された音程の高低関係（＝言語としての機能）である。前者は音声学の領域で、後者は音韻論の領域である。

もう一例を挙げよう。日本語の「ン」という音は、実は環境によって発音が様々に異なっている。「連歌」では「-ng」と発音し、「連鎖」では「-n」、「連覇」では「-m」となる。しかし大抵の日本語母語話者はこの三つの音を区別せず（違っていることすら意識せず）、環境によって自然に使い分けている。言い換えれば、この三つの音の違いは、日本語では語義を区別する要素として機能していない（＝意味弁別機能がない）。つまり、この三つの音は音声学的には異なる音だが、音韻論的には、日本語では同じ音素となり、互いに区別されない。ちなみに、英語の「r」と「l」は日本語母語話者にとって区別が難しいのも、日本語では「r」と「l」が同じ音素として認識されるからだ。

音声学では、人間の自然言語に存在するすべての音を、「国際音声字母（ＩＰＡ）」で記述することができる。詳しい説明は省くが、子音は「声帯振動の有無」「調音部位」「調音方法」で分類され、母音は「唇の形」と「舌の位置（前後と上下）」で特徴づけられる。例えば日本語の「バ」の子音「b」は「声帯振動あり・調音部位は両唇《りょうしん》・調音方法は破裂」なので「有声両唇破裂音」で、母音「a」は「唇は丸めない・舌の位置は前の下のほう」なので「非円唇前舌《まえじた》広《ひろ》母音」である。

一方で音韻論では、個々の言語に着目し、意味弁別機能に焦点を当てて分析する。音声学的には異なる音であっても、個別の言語において語義を区別しないのであれば、その言語では同じ音素として見なす。このようにして、個々の言語における音素の数を数えることができる。日本語の子音音素は約十五個、母音音素は五個である。これは中国語や韓国語よりかなり少ない。

人間の言語をこんなふうに分析できるのを知った時、私は新大陸を発見したような気持ちになった。何しろ、この広い世界では未知の言語が多すぎる。しかし、たとえ見知らぬ遠くの土地の聞いたこともない言語であっても、その音を言語学的な方法で分析し、記述することができる――これは魔法でなくて何であろう。

それに、私自身が操っている中国語、日本語、英語という三つの言語に言語学的な知識を応用すると、発見も多かった。

例えば、日本語の破裂音には有声音と無声音の対立がある。「有声音＝声帯の振動を伴う音」と「無声音＝声帯の振動を伴わない音」はひとまず「濁音」と「清音」だと考えてもらって差し支えない（厳密には少し違うが）。清濁が異なれば意味も異なる言葉は、日本語には無数に存在する。言い換えれば、清音と濁音の区別は意味弁別機能を有する。こんな時に、言語学的には「有声音と無声音の対立がある」という。例を挙げよう。

近郊［キンコウ］⇕銀行［ギンコウ］

大体［ダイタイ］⇕橙［ダイダイ］

一方、中国語の破裂音には有声音と無声音の対立がない。というか、有声破裂音自体がない。代わりに、中国語の破裂音には有気音と無気音の対立がある。有気音も無気音も無声音である。有気音とはその名の通り、発音する時に強い気流を伴う音のことで、無気音は気流を伴わない（もしくは気流が弱い）音である。国際音声字母では、有気音は［p^h］［t^h］［k^h］というふうに、小さい［h］で表現する。例を挙げよう（数字は声調を表す）。

低［ti55］（低い）⇕踢［t^hi55］（蹴る）

讀［tu35］（読む）⇕塗［t^hu35］（塗る）

奔［pən55］（走る）⇕噴［p^hən55］（吹きかける）

私は言語学を学ぶまで、中国語の無気音は日本語の有声音（濁音）と同じで、中国語の有気音は日本語の無声音（清音）と同じだと思っていた。しかし実際は違っていた。中国語の有気音も無気音も無声音であり、日本語の有声音は中国語にはないのだ。
ちなみに、日本語にも有気音と無気音の違いがあるが、意味弁別機能がないため、同じ音素に属する。

①特別［トクベツ］、他者［タシャ］、会社［カイシャ］

②意図［イト］、遺体［イタイ］、他界［タカイ］

これらの例の①の「ト」「タ」「カ」は語頭にあるため気流が強く（有気音）、②は語中にあるため気流がない、もしくは弱い（無気音）のである。

日本語を学びたての中国語母語話者が喋る日本語を聞いたことがある人ならば、彼らは日本語の濁音をなかなかうまく発音できないことに気づくはずだ。また、彼らが「意図」「遺体」「他界」のような語を発音する時に、往々にして語中の「ト」「タ」「カ」に必要以上に強い気流を伴わせ、それゆえにこなれていない、たどたどしい、耳に馴染《なじ》まないといった不自然な響きになる。一般的に「訛《なま》り」と呼ばれるこれらの発音の特徴は、言語学の知識を持っていればその原因を解析し、説明できるのが面白い。

録音データが残っていないので今となっては確認もできないが、恐らく私の日本語も似たような訛りがあったと思われる。しかし言語学の知識を身につけることによって、私は自分自身の発音を客観的に観察し、分析できるようになった。そして練習を繰り返すうちに、発音も次第にこなれていった。私はよく「日本語が上手になるコツは？」と学習者に訊《き》かれるが、言語学がそのコツの一つかもしれない。

日本語の発音の諸要素で一番意識的に練習したのは、アクセントである。

私の経験では、声優やアナウンサーなど声の仕事をしている人を別にすれば、大抵の日本語母語話者は「アクセント」の意味を知らず、それを「イントネーション」と混同している。例えば「古事記」を「乞食《こじき》」と発音するのを聞いた時に「イントネーションが違う」と指摘したりする。しかしこの場合、違っているのはイントネーションではなく、アクセントである。

英語の「強弱アクセント」とは違い、日本語のアクセントは「高低アクセント」である。「強弱アクセント」は発音の強さで意味を弁別するのに対し、「高低アクセント」は音の高さで意味を弁別する。「箸／橋」「雨／飴」「古事記／乞食」「女子／助詞」の対を観察すれば、音の高低が分かるはずだ。

日本語のアクセントのパターンにはいくつかの法則がある。

①アクセントの高低は「高」と「低」しかなく、「真ん中」はない。

②一拍目と二拍目の高さは必ず異なる。

③語中で一度下がったピッチは二度と上がらない。ピッチが下がる直前の音を「アクセント核」という。

要するに「高低低（古事記、男女）」「低高高（乞食、桜）」のようなパターンはありうるが、

「高中低」「高高低」「高低高」のようなパターンはないということである。これらの法則を踏まえれば、日本語のアクセントのパターンを以下の四種類に分類できる。□はアクセント核を示す。

①平板型：アクセント核がない（＝ピッチが下がらない）。例：桜（低高高）

②頭高型：アクセント核が一拍目に来る。例：命（［高］低低）

③尾高型：アクセント核が最後の拍に来る。例：女（低高［高］）

④中高型：アクセント核がそれ以外の拍に来る。例：卵（低［高］低）

これらのうち、①の「平板型」と③「尾高型」は一見同じ「低高高」に見えるが、後続の助詞がある場合に違いが現れる。例えば「橋」は「尾高型」なので「橋を渡る」の「を」は低く発音する。一方で「端」は平板型なので「端を渡る」の「を」は高く発音する。アクセントの知識があれば一休さんの頓智もきかなくなるわけだ。

日本語の正書法ではアクセント表記がないので、普段はほとんど意識されないが、アクセントが正しいのと間違っているのとで、発音のイメージは大きく変わるし、聞き取りやすさも違ってくる。のみならず、例えば古事記の専門家が「私の専門分野は乞食です」と言ったり、助詞の使い方を難しく感じる人が「私は女子が苦手です」と言ったりすると、爆笑の対象になりかねない。

しかし困ったことに、どんな言葉がどんなアクセントのパターンに当てはまるのかは法則性がない。ほとんど恣《し》意《い》的である。つまり、一個一個覚えていくしかないのだ。実際、声優やアナウンサーなどの職業の人は、アクセントを間違えるとまずいので、しょっちゅう『NHK日本語発音アクセント新辞典』のようなアクセント辞典を調べる。私は一時期、アクセントを覚えることにかなり力を入れていたし、今も分からない時にアクセント辞典で確認する。

　日本語のアクセントにはもう一つ、面白い現象がある。複合語になると、アクセントのパターンが変わるのだ。例外ももちろんあるが、大抵の複合語の「アクセント核」は、後部要素の一拍目に来る。*2

①早稲田（[高]低低）＋大学（低高高高）＝早稲田大学（低高高[高]低低低）
②修士（[高]低低）＋論文（低高高高）＝修士論文（低高高[高]低低低）
③恋愛（低高高高）＋感情（低高高高）＝恋愛感情（低高高高[高]低低低）

　この法則を覚えれば、かなり応用がきく。

　有声音・無声音・有気音・無気音の区別にしろ、アクセントにしろ、日本語を母語とする人ならほぼ無意識のうちに習得し、内面化し、使いこなしている法則だが、私は言語学を学ぶことによってそれらを言語化し、自らの発話の修正にも応用してきた。日本語を喋る時に私は往々にして、喋っている自分とは別に、もう一人の、発音を観察している自分がいるような感覚になる。自分の口が発している音を、脳内にある音声と音韻の知識と常に照合していて、間違ったら修正するという感じだ。

文法や語彙《ごい》とは違い、目に見えない音を研究対象とする音声学と音韻論は、言語学の中でも比較的敬遠されやすい分野だが、私にとっては日本語上達の秘訣《ひけつ》の一つなのだ。


音声学と音韻論は言語学の中でも敬遠されがちな分野だと述べたが、所詮現代的な学問であり、使われている道具セット（国際音声字母など）もかなり現代的なものだ。それと比べ、中国の伝統的な言語学の一分野である「声韻学」のほうが遥かに抽象的で、難解である。声韻学を必修科目とする中文科で、学生たちはよく真っ赤に充血した目を見開いて黄ばんだ教科書と睨《にら》めっこしながら、呪文のように「東冬《ドンドン》 鍾《ジョン》 江《ジャン》 支脂之《ジージージー》 微《ウェイ》 魚虞模《ユーユームォ》……」と唱えていたものだ。事情を知らない人から見れば、悪魔を召喚する儀式でも行っているのかと思うかもしれない。

先に述べた通り、「文字学」「声韻学」「訓詁学」はそれぞれ漢字の「字形」「字音」「字義」を研究対象とする分野である。それも通時的な、つまり歴史的変化を明らかにしようとしているのだ。

例えば、「文字学」は漢字の成り立ちを問題としている。もちろん、漢字というのは作られた当時から今の形をしているわけではない。現存最古の漢字は「甲骨文字」といって、亀の甲羅や獣の骨に刻まれていたものだが、その形は今の漢字とは似ても似つかないものが多い。いくつか簡単な例を挙げよう。

図の上から順に、「日」「人」「女」「母」「安」「上」「東」「萬」である。

「日」は簡単な象形文字で、太陽の形を象《かたど》っている。真ん中の点は「そこに何かがある」ことを示す記号である。太古の昔の人間は太陽黒点を観測し、それを文字の形に落とし込んだのかもしれない。

「人」も単純な象形文字で、人間を側面から象っている。よく聞く「人という字は人と人とが支え合っているうんぬんかんぬん」といった説教くさい俗説は、残念ながら文字学の知識に照らせば事実ではない。人は一人で生きている。ちなみに、一人の人間が両手両足を広げて立っている形が「大」という字になった。大いなる人もやはり堂々と、一人で生きているのだ。

「女」は、跪《ひざまず》いている従順な女性の形を象っている。甲骨文字を見ると、胸が強調されていることが分かる。太古の昔の人間が考えていた女性像は、漢字という文字にそのまま冷凍保存されている。「女」という字の胸の部分に更に点をつけて強調したのが、「母」という字だ。母なる人間の哺乳機能を強調しており、極めて原始的な発想である。また、「安」という字は「家の中にいる女」を示している。女は家の中にいれば安全安心だ、といった古い価値観が表現されている。

「上」は、長い横棒の上に短い横棒を描くことで、「上」を示している。「東」は、太陽が昇ってきて、「木」の真ん中に到達している様子を示している。太陽は東から昇るので、「東」はこのように表現されている。「萬」は「万」の旧字体である。が、この甲骨文字は実は数字の「萬」の意味を示していたわけではない。蠍《さそり》の形を象っているのだ。つまり、「萬」という字の本来の意味は「サソリ」といった虫だったが、後に数字の「万」の意味として使われ始め、そちらのほうが広く使われたのでそのままになり、「サソリ」の意味が消えてしまった。この現象を「仮借《かしゃ》」という。「萬」という字はいわば数千年の間、ずっと借りっぱなしのままである。

一方、「訓詁学」は漢字の意味の変遷、または言葉の解釈をめぐる問題を研究する学問だ。「訓詁」の「訓」は「教訓」の意味ではなく、「訓読み」の「訓」、つまり「意味」「解釈」といった意味である。数千年も使われていれば、漢字の意味は広くなったり狭くなったりと、変わってしまうことがよくある。特定の時代の漢字の意味が分からなければ、古書を正しく理解することが難しい。

水村美苗はかつて『日本語が亡びるとき』の中で、こう書いた。

「聖典」を筆写しながら、自分の解読のしかたがふつうのものとちがうと気がついたとき、少し手を加える。注をつけるようにもなる。注がだんだんと多くなるにつれ、注を集めた解読書というものを作る。やがて世の中には数多くの解読書が出回るようになる。そのうち、どれが優れた解読書であるかを、のちにきた〈叡智を求める人〉たちが読み分ける。そのうかれらは、それを新たな「聖典」とし、新たな解読の対象として、新たな解読書を作る。すると、そのうちどれが優れた解読書であるかを、のちにきた、〈叡智を求める人〉たちが新たに読み分けて、新たな「聖典」とする。そこに生まれるのは、〈読まれるべき言葉〉の連鎖である。

中国では数千年の間、儒家思想が支配的な地位にあった。儒家思想における「聖典」はさしずめ、「四書五経」と「十三経」である。数千年の間、無数の〈叡智を求める人〉たちがこれらの聖典を読み、その解釈をめぐって無数の注釈を残してきた。

例えば、「五経」とは『易経』『詩経《しきょう》』『書経《しょきょう》』『礼記《らいき》』『春秋』のことだが、これらの聖典を読み解くために多くの辞書類が作成された。そのうち、『爾雅《じが》』という書物が最もよく参照されたので、時代が下ると、『爾雅』は単なる辞書として見なされなくなり、「十三経」の一つとして数えられるようになった。いわば「聖典入り」したのだ。「聖典」となった『爾雅』もやはり後に来た人たちが読み解き、注釈をつけていった。聖典に対する注釈は「注」という。その「注」を、後に来た人たちがまた読み解き、更なる注釈を残した。「注」に対する注釈は

「疏《そ》」という。また、「集解《しゅうげ》」「正義（義を正す、の意）」「章句」といった名称を用いることもある。このように、儒家の聖典と解読書を読み分ける営為の連鎖そのものが、訓詁学の歴史と言える。

「言葉の意味を正しく読み解く」というと簡単そうに聞こえるが、これはかなり骨が折れることだ。何しろ、数千年の歳月があるのだ。同じ漢字、同じ言葉でも、時代が異なれば全く異なる意味として使われることがよくある。「道」という字は本来「ミチ、道路」の意味だが、人が歩むべき道、従うべき理《ことわり》ということで「道理」「道徳」「規律」「方法」といった意味に発展した。「道を案内する」ということで「導く」という意味にもなった。「道の途中」ということで「通りかかる」という意味としても使われた。「道理を説く」ということで、単なる「話す」の意味になった。「話す」が、次第に「口に出さずに心の中で思う」という意味にも発展し、「思う」という意味になった。「道路」と「思う」は一見全く違う意味の言葉だが、どちらも「道」の字義になったのだ。

これはまだ単純な例である。中国はあまりにも広く、方言も多い。地域が異なれば、言葉の使い方も異なる。さらに悪いことに、古代には印刷術がなかった。「聖典」を流通させる際に、基本的に人間が手で書き写していた。そうすると、書き間違えたりもする。書き間違えたものが広く流通すると、それは「別の版本」になり、どれが正しいのか分からなくなる。活版印刷が発明されてからも、活字を組み間違えることがよくあった。これらはすべて訓詁学の分野である。

字形にしろ字義にしろ、基本的に「目に見えるもの」を研究対象としている。しかし声韻学が研究対象としているのは、目に見えない「字音」だ。当然ながら、太古の昔には蓄音機やテープレコーダーなんてものはなかった。したがって、二千年前の中国語の発音は、今となっては分かりようがない。が、二千年も経つと、言葉の発音というのは全く違う言語に聞こえるくらい、変わり果てるものだ。録音データがないという過酷な状況で、それでも文献資料に頼ってなんとか昔の中国語の音を究明しようとするのが、声韻学という分野である。「声韻学」の「声」とは「声母」つまり中国語音の「子音」のことで、「韻」とは「韻母」つまり「母音（＋声調）」のことなのだ。

幸い、役に立つ文献はそれなりにある。韻を踏んでいるとされる古い韻文を観察すると、韻母が近い漢字を見つけ出し、グループ分けできる。「仮借」の現象が起きている漢字同士、あるいは単なる誤字は、発音も近いと推測できる。現代の方言を比較言語学的な方法で分析すれば、祖語の再構に役立つ。現代日本語や韓国語における漢字音も参考になる。中でも「韻書」と呼ばれる書物群がとりわけ大事な資料となる。

中国語の書記言語は漢字のみである。そして漢字は無数にある。無数にある漢字の読み方を全部覚えることなど、通常の人間には到底不可能だ。聖典を読み解こうとする〈叡智を求める人〉たちは、必ず読めない難読漢字に出くわす。中国語には平仮名や片仮名がない。現代であればピンインや注音符号があるが、古代にはそんな便利なものがなかった。では、昔の人は読めない漢字の発音をどのようにメモするのだろうか？　答えは「反切《はんせつ》」である。

「反切」とは、一つの漢字の発音を「声母（子音）」と「韻母（母音＋声調）」という二つの要素に切り分け、それぞれ一つの文字で表している表音法である。例えば「東、徳紅切」は、「東」という字の発音を「徳」と「紅」の二文字で示すのだ。「徳」から子音を取り、「紅」から母音と声調を取って合体させれば、「東」という字の発音になる、という具合だ。逆に言えば、もし特定の時代の書物に「東、徳紅切」のような注釈（これを「切語《せつご》」という）が残されていれば、私たちはその時代において『東』は『徳』と声母が同じで、『紅』と韻母が同じだ」と、ほぼ断言できる。このような切語を整理していけば、古代の中国語における声母と韻母を帰納し、グループ分けできるというわけだ。

実際、そのような作業をしてくれた古人がたくさんいた。昔の知識人は詩詞歌賦といった韻文をよく書くので、韻母はとりわけ重要だった。そこで彼らは韻母を整理し、書物にまとめた。これを「韻書」という。この種の韻書の集大成は北宋時代（一〇〇〇年前後）の勅命で編まれた『広韻』であり、これは中古音《ちゅうこおん》（六〜十一世紀あたりの中国語音）を知る上で大事な文献となった。

作詩のためにそんな書物まで編むなんて酔狂だと思われるかもしれないが、昔の知識人だって単なる趣味で詩を書いていたわけではない。科挙の受験、つまり立身出世という実用的な目的があったのだ。人生がかかっているといっても過言ではない。朝廷だって単なる文化事業として韻書を編んでいたわけではない。科挙の基準が必要だったのだ。

『広韻』は中国各地の方言を広く調査した上で、数万の漢字を二百六種類の韻母に分類し、それぞれの韻母に属する漢字の中から一字取って、その韻の名称にした。「東冬鍾江支脂之微魚虞模……」という呪文は、韻の名称なのだ。「東」という韻、「冬」という韻、「鍾」という韻が存在するというわけだ。私たち声韻学を履修する中文科の学生は、二百六種類の韻の名称を覚えなければならなかった。周期表の元素より多い。

同じ要領で、中古音の声母は三十六種類（実際はもう少し多い）に分類できる。それぞれ一字取って、その声母の名称とすると、「幫《バン》滂《パン》並《ビン》明《ミン》非《フェイ》敷《フー》奉《フェン》微《ウェイ》……」というもう一つの呪文の出来上がりだ。これを「三十六字母」という。

長々と書いてきたが、何やら難しそうな「声韻学」が日本語と一体どういう関係があるのかというと、大いに関係がある。漢字がその音とともに日本に輸入されたのは、ちょうど「中古音」の時代に当たるからだ。したがって、中古音を解析してできた「三十六字母」と「二百六韻」という分類は、日本語の漢字音（漢字の音読み）にも当てはまる。「三十六字母」と「二百六韻」の分類法を理解すれば、日本語の漢字音をある程度類推できるというわけだ（ただし、日本語の漢字音と一口に言っても、呉音、漢音、唐音などがあるが、中古音に当たるのは比較的古くから入ってきた呉音と漢音である）。

例えば、「幇」という声母に属する漢字は、日本語ではおおむね「ハ行」に当たる（幇、宝、兵など）。「並」という声母に属する漢字は、日本語では呉音は「バ行」、漢音は「ハ行」に当たる（房、歩、便など）。「明」という声母に属する漢字は、日本語では呉音は「マ行」、漢音は「バ行」または「マ行」になる（民、満、門など）。これを踏まえると、例えば「陂」「蘗」「懣」のような難しい漢字であっても、それぞれ「幇」「並」「明」という声母に属していると分かれば、日本語の発音をある程度推測できるのだ。

また、「二百六韻」はさらに「陰声韻」「陽声韻」「入声韻《にっしょう》」に分けることができる。「陽声韻」とは「鼻音韻尾《いんび》を伴う韻」のことで、「入声韻」とは「破裂音韻尾を伴う韻」のことで、「陰声韻」とは「子音韻尾を伴わない韻」のことである。例えば「紅、唐、琴、峰」は陽声韻で、「木、立、葉、合」は入声韻で、「李、佐、義、昭」は陰声韻である。そして、陽声韻の鼻音韻尾は「-n」「-m」「-ŋ」の三種類があり、入声韻の破裂音韻尾も「-t」「-p」「-k」の三種類がある。

これらの韻尾は、日本語の漢字音にも反映されている。「-n」と「-m」の韻尾を伴う漢字は、日本語では大抵「ン」がついており（琴、音など）、「-ŋ」の韻尾を伴う漢字は日本語では長音になる（紅、唐など）。「-t」「-p」「-k」の韻尾を伴う漢字は、日本語では「ち、つ」「ふ」「き、く」の音がつく（鉢、活、合、壁、竹など。ただし、「合」のような「ふ」がつく漢字は現代的仮名遣いでは長音になっている)。「陽声韻」と「入声韻」に属する漢字は韻尾があるので、日本語では大抵二拍になる。「陰声韻」は一拍の字もあれば二拍の字もある。

このように、中古音の「三十六字母」と「二百六韻」は現代日本語の漢字音とはしっかりとした対照関係がある。そして当然ながら、現代中国語とも対照関係がある。ということは、この二つの対照関係を整理すれば、現代中国語の漢字音と現代日本語の漢字音の法則性が分かるわけだ。以下はほんの数例である。

・中国語の声母が「b」「p」「m」「f」の字は、日本語では「ハ行」「バ行」「マ行」になる。
・中国語の声母が「d」「t」「n」の字は、日本語では「タ行」「ダ行」「ナ行」になる。ただし、声母が「n」の字は稀に「ガ行」になる。
・中国語の声母が「l」の字は、日本語では「ラ行」になる。
・中国語で声調が第二声の字は、日本語では「少なくとも一つ以上の有声音の読み方がある」(濁音に加え、「ナ行、マ行、ヤ行、ラ行、ワ行」も有声音である)。

一回時代を遡って「中古音」を経由すれば、現代中国語と現代日本語の法則性が浮き彫りになるのだ。まさしく魔法である。

実は日本語のみならず、「中古音」に関する知見は韓国語を勉強する上でも大いに役に立つ。

そもそも、現代韓国語の書記文字であるハングルは十五世紀に世宗大王《セジョン》が発明したものだ。

言語学に通じていた世宗大王がハングルを設計する時に参考にしたのが、中国の声韻学である。中古音は声母の調音部位を「唇」「舌」「歯」「牙（軟口蓋《なんこうがい》）」「喉」に分類したが、ハングルの子音「ㅁ」「ㄴ」「ㅅ」「ㄱ」「ㅇ」はまさしくこれらの器官の形を象っている。声韻学の知識があれば、ハングルがいかに論理的に設計された文字体系なのかがよく分かる。

また、前述した中古音の鼻音韻尾と破裂音韻尾は、現代日本語と現代中国語では消滅しているものが多い。例えば現代中国語では破裂音韻尾は完全になくなっており、鼻音韻尾の「-m」も「-n」に同化した。現代日本語でも「-m」が「-n」になっており、「-p」が長音になっている。しかし、これらの子音韻尾は韓国語の漢字音ではしっかり残っている。例えば「音」という字は本来「-m」の韻尾を伴っているが、現代中国語では「yin1」、日本語では「オン」となっているとおり、「-m」が「-n」になっている。が、韓国語ではまだ「음（eum）」と発音している。「-m」が保存されているのだ。

「中文科の理系科目」として、理系に弱い文学少年少女たちに蛇蝎《だかつ》のごとく恐れられていた声韻学だが、私にとってはとても面白い科目だった。このとっつきにくい学問から見えてくるのは、近代以前、千年以上にわたる東アジアの言語と文化の交流史である。気が遠くなりそうな時間の中で、漢字はその響きを携えて中国語という言語を飛び出し、タンポポの種のように異国へ渡って、そこで根を下ろし、現地の言語の一部となった。そして今度はその言語の中で、原形を何とか保ちつつも、独自の変化を遂げていく。その様子が、私にはとても美しく感じられる。

＊1　本エッセイでは特段に断りがなければ、「日本語」とは「日本語の共通語／標準語」を指す。

＊2　本当は複合語のアクセントにもいくつものパターンがあるが、本書は言語学の専門書ではないのでここでは割愛する。

日本語お上手ですね

複雑な気持ちにさせられる褒め言葉がある。「日本語お上手ですね」である。複雑な気持ちというか、気分を害する時もある。

客観的に見て、私は日本語が上手だ。これは間違いなく事実だし、この事実は、使える漢字や語彙《ごい》の量、文型のバリエーション、または発音の自然さや、産出する文の文法的正確さなどによって定量的に評価できるものである。「日本語お上手ですね」という文は、いわば事実を述べているだけのように思われる。事実を言っているだけならば、なぜ気分を害するのだろうか。

この疑問については、このように考えることができる。「日本語お上手ですね」という文は、単に事実を述べるだけの言明ではない。「地球は丸い」「円周率は無理数だ」「日本は火星にある」、このような文は、ある主張を示す「命題」であり、命題には真偽の判断がつく（例えば「日本は火星にある」は偽の命題である）。しかし「日本語お上手ですね」という文は、真偽の判断がつく単なる言明というより、話し手の主観的評価に重きを置いているように感じられる。つまり、誰かに「日本語お上手ですね」と言われた時に、私はその人にとって評価の対象になっているというわけだ。もし私が「評価してほしい」と頼んでいないのであれば、私はその人によって勝手に評価の対象にさせられたのである。それでは不愉快な気持ちにもなるだろう。

ところが、それだけでは説明がつかないようだ。例えば私はよく「髪が綺麗ですね」と褒められるのだが、そう言われて機嫌を損ねたことはあまりない。頼んでもいないのに勝手に評価の対象にさせられるという点では、「日本語お上手ですね」と同じだが、なぜこのような違いが生じるのだろうか。

恐らく「日本語お上手ですね」から来る不快感を整理する上で、「誰が誰に対してどういうふうに言っているか」という観点が重要ではないかと思われる。例えば、日本語を母語とする日本人が日本語を流暢《りゅうちょう》に操っているのを見たとしても、大抵の人はその日本人に対して「日本語お上手ですね」とは言わないだろう。日本語を母語とする日本人なら、日本語が上手なのは当たり前であり、特段評価の俎上《そじょう》に載せるような事柄ではない。同じように、私たちはジョー・バイデンやボブ・ディランに「英語お上手ですね」と言ったりしない。彼らを評価する際には別の評価軸が用意されるべきだ。そう考えると、「日本語お上手ですね」の不快感の正体もはっきりしてきたように思う。「日本語お上手ですね」と言われる時に、私は「日本語が上手なのは当たり前ではない（あるいは、日本語が下手なのが普通だ）」という言外の前提をあらかじめ置かれているのだ。そしてその前提を支える客観的事実は、「私は日本人／日本語母語話者ではない」というものである。要するに「日本語お上手ですね」と褒められる時に論じられているのは私の言語能力だけでなく、私という人間の出自もそこでは暗に問題とされているわけだ（一方、「髪が綺麗ですね」という褒め言葉にはそんな前提が存在しない）。差別発言とは言わないまでも、他者の出自を取り上げ、その出自に基づいて決めつけるような前提を置き、その前提を根拠に何かを褒める行為は、少なくともマイクロアグレッションには該当する。例えば「ゲイなのに逞《たくま》しいね」とか「女性なのに力持ちだね」とかの例と同じで、不快になるのは当然というほかない。

しかし、どうもそれだけではないような気もする。というのも、私は日本に留学し日本語を学習している留学生から日本語能力を褒められることがあるが、そういうケースではあまり不快にはならない。一方、初対面の日本人のおじさんから言われると腹が立ってしかたがない。つまり、「誰にどのように言われたか」の文脈も大事だ。留学生から言語能力について褒められる時は大抵、尊敬の眼差しと憧れの口調で言われる。彼ら彼女たちにとって、私は一つのロールモデルと見なされているのがひしひしと感じ取れる。一方、日本人のおじさんはそういう感じでは全くない。「俺は日本人だから日本語が堪能《たんのう》なのはまあ当たり前だが、あなたは違うのに日本語が上手で偉いね、いっぱい勉強しただろう？　褒めてやるよ」的な上から目線のニュアンスがはっきり伝わってくることが多い。この種の賞賛は、相手を同じ土俵に立つ人間として認め、心の底から感心しているというより、相手を一応褒めることによって自らの優越性を再確認することを目的としている。褒めているように見せかけているが、実は見下しているわけだ。芥川賞受賞後の取材ラッシュで、とある団体の機関誌から取材を受けた時、その団体の理事長やら何やらのおじさんからなぜか日本語という言語の優越性についてひとしきり熱弁を振るわれた上で、「君は日本語の素晴らしさに気づけるなんて偉いね」と面と向かって言われた。苛立《いらだ》ちを隠すのに必死だった。

交換留学時代、「日本語お上手ですね」という賞賛を飽きるほど浴びた。相手は大抵、周りにいる日本人学生だった。

あの時、私はいくつかのサークルに入っていた。趣味のサークルのほかに、留学生と日本人学生の国際交流を趣旨とするサークルもあった。そして皮肉なことに、後者より前者のほうが居心地がよかった。

趣味のサークルでは、留学生も日本人学生も関係なく、みんな分け隔てなく趣味で繋《つな》がり、交流していた。ピアノのサークルでは私は（年齢的には三年生だが、早稲田大学は一年目なので）一年生として扱われ、「一姫《いちひめ》二《に》女《じょ》三《さん》婆《ば》四《し》屍《かばね》」[*1]の「一姫」の待遇を受け、日本人学生たちと分け隔てなく遊んでいた。競技かるたのサークルでは、留学生といっても特別な待遇を受けることなく、みんなと同じように稽古に参加していた（これはよく考えればすごいことだ。競技かるたは小倉百人一首かるたを使った競技で、百首覚えるのが前提だから、留学生にとってはもちろんハードルが高い。実際、私以外に留学生は一人もいなかった)。

ところが「国際交流」が趣旨のサークルでは、留学生と日本人学生は違うものとして見られ、扱われていた。当時の一斉連絡はまだガラケーのメーリングリストが主流だったが、メーリングリストは留学生用と日本人学生用のものに分けられていた。私もデフォルトで留学生用のメーリングリストに登録されたが、こちらのメールはもっぱら英語で配信されていた。頑張れば読めなくはないが、私にとって英語より日本語のほうがずっと得意でストレスなく読める。そもそも私は日本語の精進のために日本に留学しているのに、なぜ英語を読まされなければならないのか、また、私は英語圏ではなく中国語圏出身なのに、なぜ英語が読めることを前提視されているのか。疑問は尽きなかった。どうやら国際交流サークル内で想定されるスタンダードな留学生像は欧米出身の英語話者であり、アジアの留学生は想像の埒外《らちがい》にあるようだった。私はそこに、無邪気な欧米崇拝とアジア蔑視、ひいては英語覇権に対するあまりの無批判さを感じた。メーリングリストを分けるのはもちろん悪気はなく、どちらかと言えば日本語が不自由な(恐らくは多数派の)留学生への配慮が目的だっただろうが、私に限って言えば、そんな配慮はひどく的外れなものに映った。

普段のイベントでも、留学生と日本人学生の間には見えない線が引かれていた。見た目で留学生と分かる人に日本人学生が話しかける時は、デフォルトで英語を使うことが多い。見た目で留学生と分からない私はあえて自分の国籍には言及せず、ごく普通に日本人学生の間に融《と》け込んでいた。それでも、例えば出身地や出身校が話題になる時など、実は自分は留学生だと「カミングアウト」する必要がある場面にたまに出くわすのだが、打ち明けた瞬間にさっと見えない線が引かれるのを感じたことは一度や二度ではない。そしてほぼ一〇〇パーセント、「すごい！　日本語上手！　日本人だと思ってた！」というふうにびっくりされる。今でも覚えているのだが、留学生が自分の出身国を紹介するプレゼン会というイベントがあり、私は台湾の話をしたのだが、「教育部というのは日本の文科省のようなもので、教育を司《つかさど》る政府機関であり〜」と説明したところ、会の後に「すごい！　日本語が上手すぎてびっくりした！『司る』なんて難しい言葉を知ってるなんて！」と驚かれた。

こんなふうに土俵を一段下げて褒められるようなことが続くとさすがに飽き飽きしてきて、私はなるべく日本人学生のように振る舞うことにし、自分は留学生であることを必要以上に意識しない／させないようにした。メーリングリストについても幹事に相談し、日本人学生用のものに入れてもらった。日本的な通称名もつけ、日常的にその名前を名乗ることにした。そうするとサークル内だけでなく、留学生活全体がとても居心地のいいものになった。この経験を通じて、自分はいつまでも留学生／外国人として、つまりはよそ者として特別扱いされるのではなく、ごく普通に一人の生活者／構成員として日本社会に融け込みたいのだと、はっきり分かった。「自分は前世、日本人に違いない」と、前世なるものを信じてもいないくせにぼんやりり思っていた。

　これは私の観察に過ぎないのだが、交換留学を「期間が長めの観光旅行」や「大学時代に挿入されるモラトリアム期間」くらいに思っている大学生は少なくないようだ。勉強はそこそこにして、せっかく海外に来たのだからあちこち旅行したいと、そう思っているのだろう。当時私の周りにいたほかの留学生のほとんどがそうだった。彼ら彼女たちは、自分はあくまで外国人であり留学生であると（ある意味正しく）捉えていた。留学生だから日本語が上手でなくて当たり前で、外国人だから日本人のように振る舞わなくてもいいんだと、彼ら彼女たちは主張していた。実際、彼ら彼女たちは日本人学生や日本社会に融け込む気がゼロに見えて、いつも同じ出身地の留学生とばかりつるんでいた。要するに、自分から外国人／日本人の線を引き、線のこちら側に安住していたのだ。

　私は違った。せっかく日本に来たのだからここでしかできない勉強がしたいと思ったし、あちこち旅行するお金もなかった。日本語に限って言えば、「平均的な日本人にできて自分にできないことはあっていいはずがない」とプライドが高かったし、いつまでも「外国人」と目されるのはストレスだった。留学生同士でつるむより、私は日本人学生と遊ぶことを好んだ。台湾人留学生会のような団体からも意識的に距離を取った。外国人／日本人の間に引かれている線を私は必死にこすり続け、限りなく透明にしようとした。交換留学を「期間が長めの観光旅行」くらいにしか思っていないほかの留学生と一緒にされたくない、みたいな思いもあったのだろう。

私から見て、周りの留学生は自らの偏狭な了見で薄っぺらい比較文化論を語るのが好きな人が多かった。「海外では○○なのに、日本は△△なのがおかしい!」というふうに、勝手な物言いで日本の悪口を言うのだ。それが的を射た批判ならまだしも、多くの場合、彼ら彼女たちが語る「○○」はバイアスのかかった不正確な観察でしかないし、批判の内容も建設的なものではなく「もう日本は嫌だ、国に帰りたい」くらいの個人的な恨み節に留《とど》まっていた。留学生用のメーリングリストに配信される英文の文法的な間違いをあげつらっては馬鹿にした人もいた。

こんなことがあった。私より半年遅れて台湾大学から早稲田大学に留学していた留学生のSさんがいて、彼女は期限までに授業料を納入しなかったせいで登録した科目を取り消された。大目に見てほしいと所属学科の事務所に泣きを入れたが、特別扱いはできないと言われた。すると彼女は、日本人は冷たいとか融通が利かないとか責任感がないとか日本はストレス社会だとか日本に住みたくないとか早く台湾に帰りたいとか、そういう愚痴を延々とSNSで垂れ流し続けた。帰りたいならどうぞご自由に、とその都度リプライを飛ばすのをこらえるのに必死だった。

「日常的な娯楽」と自ら称して、SNSで日本人と欧米留学生の悪口を(時おり人種差別的な言葉も交えて）言うことに興じていたSさんはある日、「台湾大学の課題レポートは日本ほど厳しくなくて、参考文献も注釈も書かなくていいから、日本に来てびっくりした！」という趣旨の発言をした。それを読んで、私はさすがに閉口した。

当たり前だが、彼女が言ったことは事実ではない。課題レポートで必要に応じて参考文献や注釈をつけるのは、台湾大学においても基本中の基本だ。課題レポートの基準について彼女の所属学科がゆるゆるで、彼女自身も意識が低かったのかもしれないが、あたかも台湾大学全体がそうであるかのように、ネットという公の場で言いふらすのは大きな問題である。

またある時、Sさんは「台湾の若者は親に依存しているし、大学一年生と二年生のうちはみんな子どもみたいに幼稚だ」という持論を書き散らした。

要するにSさんは、自分の意識とレベルの低さを自覚せず、世の中全員が自分と同レベルだと思い込むような、私の嫌いなタイプの人間だ。今なら何も言わずに交友関係を断ち、黙って遠ざけるだろうが、当時の私はそんな対応ができるほど大人ではなかった。それに、彼女とは（不幸にも）同じ寮で暮らしていて、日常的に顔を合わせなければならない状況にあった。彼女の暴論を見かねた私は、「そんなことはない。私自身もそうだが、親に頼れなかったり、夢の実現に向かって堅実に計画を立て、早くから独立している人を私はたくさん知っている」という趣旨の反論をした。

すると、彼女は盛大にブチ切れた。「私がそんな幼稚な大学生だよ、一年生二年生のうちは自分が何が欲しいのか分からなくてふらふらしていたのに三年生に上がると急に台湾から出ていきたくて何の覚悟もなしに留学なんかして、日本語もへたくそで食べることと買い物をすることしか頭にないような幼稚な大学生だよ満足か」と開き直り、「そうだよあんたが一番偉いね、辛酸を舐《な》め尽くして艱難辛苦《かんなんしんく》を乗り越えてきたあんたの尊い人生を知らなくて本当に悪かったよ、そんな尊い人生を私に汚されるとよくないから留学期間が終わったらさっさと帰りな、じゃね」と人身攻撃し始めた。

Sさんが「日本語もへたくそで食べることと買い物をすることしか頭にないような幼稚な大学生」であることに異存はないが、同じ大学に通い、しかも学年も私より上のSさんは実は私より大人で、きちんと対話すれば理性的な話し合いができるはずだと、そう思っていた私は、人間というもの、他人というものに期待し過ぎたのかもしれない。

バイト先の中国人や同じ寮の台湾人など、不愉快な衝突もいくつかはあったが、一年間の交換留学はとても楽しく、貴重な経験だったことに変わりはない。初めて中長期滞在した東京は何もかも新鮮で、きらきらしていた。振り返っても、自分の人生においてあんなふうに何もかも鮮やかで刺激的に見える心境になれる時期は、そう何度もなかった。日本の愚痴を延々とこぼす周りの留学生を尻目に留学生活を堪能していた私は、さながら雛鳥《ひなどり》の刷り込みのように、東京という巨大都市に徹底的に惚《ほ》れ込んだ。

今でも印象深く覚えていることがある。留学期間中に一回だけ京都へ旅行に行ったのだが、一週間の京都旅行を終えて夜行バスで新宿駅西口のバスターミナルに戻り、雲の向こうから這《は》うように滲《にじ》み出る早朝の光を目にした瞬間、私は思わずつぶやいた。ああ、やっと家に帰ってきた。そして自嘲気味に思った。家？　まだ半年も住んでいない東京を、半年後には離れなければならない東京を、私は家と言ったか？

私の家は、果たしてどこなのか？

なるほど、と私は独り合点をした。家というのはあくまで相対的な概念であり、どこに帰属感を抱くかの問題なのだ。旅先の京都に対して、まだ数か月しか住んでいない東京でも、強い帰属感を抱いているのなら、そこはもう家に違いない。逆に、たとえ生まれた家庭、生まれた街、生まれた国（日本語ではこれらを実家、出身地、生国《しょうごく》という）でも、そこに帰属意識がなければ、「家」たりえないのだ。私は（今でも）「台湾のどこ出身か」と訊《き》かれるのが嫌でしかたがない。「どうせ聞いたこともないような片田舎だ」という思いもあるが、答えてしまうと、自分が選んでもいないし特段帰属意識もない、たまたまそこで生まれただけの街が、たまたまそこで生まれたという事実だけで「出身地」や「実家」と見なされ、いつまでも私という人間と結びつけて語られる、そのことが嫌で嫌でたまらないのだ。

思えば、あの一年間の交換留学を通じて、私は東京という都市、日本という国に対する帰属意識を、緩やかになのか急速になのか分からないが、とにかく引き返せないほど培っていったのだ。ここが私の家だ、たとえ今はそうじゃなくとも、いずれはここを家にする、私が選んで、そうするのだ——留学生活が終盤に近づけば近づくほど、その想いが強くなる一方だった。

一年があっという間に過ぎ、留学生活もカウントダウンに入った二月のある日のこと。深夜、名残惜しさに浸りながら部屋の机に向かって留学記を書いていた時、ふと、白い粉が空から降ってきたのが窓越しに見えた。

初雪だ。その年に降る初めての雪であり、私が人生で見た初めての雪でもあった。しんしんと降り積もる白銀の雪が、瞬く間にすべてを覆い隠した。寮の家庭菜園兼物干し場も、寮の前のアスファルト道路も、駐車スペースに止まっていた車も、見る見る白く染まっていった。私は外に出て、ひとしきり眺めた。雪ってこんなに美しいんだと噛《か》み締めた。部屋に戻った後もはやる気持ちが収まらず、私は再び机に座り、七言絶句を一首したためた。

　遐遊瑞穂瞬経年、臨別堪傷夜不眠。
　乍見寒窓銀絮舞、青女也為奏哀絃。[*2]

（遠く瑞穂《みずほ》の国・日本に留学して、瞬く間に一年が経ってしまった。この地に別れを告げるのが悲しくて、夜も眠れない。ふと、冷たい窓の向こうで、銀の綿が舞っているのが見えた。ああ、神話の中に出てくる、あの雪を司る女神も、私のために悲しい別れの曲を奏でてくれてい

るのだ）

台湾へ戻る飛行機に乗ったのは、雪の夜から数日後のことだった。空港では赤や紺色のパスポートを持っている人が多かった。彼らの多くは台湾に観光旅行に行くのだろう。観光名所を回り、グルメを頬張り、お土産を買い、短ければ数日間、長くても一週間か二週間で、彼らはまた日本へ帰ってくる。彼らを見ていると、私は無性に寂しくて、羨ましかった。緑のパスポートを持っている私が次に日本の土を踏むのは、いつになるのだろう。

すべてはまだ未知数だ。しかし、と私は強く思った。今度日本に入国した時は、「ただいま」と言おう。「また来たよ」ではなく、「ただいま」、だ。

「今度日本に来た時は『ようこそ』ではなく『おかえり』って言ってあげるよ」

別れ際に友達が口にしたその一言が、今でも忘れられない。

どんな文脈なのか覚えていないが、留学中に、私が「日本に帰ってくる」と言うと、「『帰る』は家に使う動詞だから、琴峰さんが日本に使うのは正しくない」と日本人学生に指摘されたことがある。「帰る」と「戻る」の違いをはっきり意識したのはその時だった。この二つの動詞は中国語では区別されず、どちらも「回《ホイ》」である。

しかし、「帰る」と「戻る」の区別がはっきり分かっても、私にとって日本は「帰る」べき場所だった。「家」だったのだ。

「日本語お上手ですね」という褒め言葉に覚える苛立ちの正体が、そこにあるのかもしれない。この言葉を向けられた時に問題とされるのは言語能力よりも私の出自であるというのは前述の通りだが、自分が「家」と目している場所なのに、いつまで経ってもその繋がりを否定され、よそ者扱いされるような気分になるのだ。

交換留学を終えて一年半後、私は再び成田空港に降り立ち、約束通り「ただいま」と言った。

＊1　早稲田大学に通う「早稲女《ワセジョ》」が、年次が上がるにつれ待遇も変わることを表す言葉であり、早大生のための総合情報誌「Milestone Express」にも載っていた。ひどい女性蔑視の言葉であるのは言うまでもない。今も載っているかどうかは不明である。

＊2　今読み返すと、平仄《ひょうそく》のルールが一箇所間違っていることに気づいたが、学生時代の習作なので ご愛嬌《あいきょう》ということで。

最適解じゃないほうの

移民というのは乾坤一擲《けんこんいってき》のような重大な決断に思える。しかし当然ながら、すべての決断にはそこに至るまでの脈絡がある。

交換留学が終わってから一年半後、私は再び日本に上陸した。今度は一時的な滞在ではなく、移民しようというしっかりとした決意を伴って。

取っかかりは大学院である。交換留学していた一年の間、私は日本の大学院に進学する決意を固めた。まずは修士号を取ってから、博士課程に進学するか、それとも就職するか決めようと考えた。

振り返れば、自分の人生はパズルのようなものに思えなくもない。それぞれの段階で課されたタスクの全体像を把握した上で、要領よくこなす。目標を見定めてから、与えられた選択肢を見極め、目標から逆算し、複数の選択肢から最適解を導き出す。どこまでも合理的で、論理的なプロセスである。

もちろん、予想外のことはいくらでも起こった。東日本大震災がその一つだった。震災のせいで、私は交換留学を断念するか続行するかという選択を迫られた。とはいえ、予想外のことが起きても、やることは実はそんなに変わらない。物事の全体像が変わり、それに応じて自分が取れる選択肢にも変化が生じた。であれば、全体像を把握し直し、選択肢を見極め、その中から最適解を選べばいい。時にはリスクを取る必要もある。衆議を排して独善を貫く必要もある。しかし、非合理的なリスクを背負い過ぎないよう、独善が最適解に繋《つな》がるよう、それなりに情報収集にも努めた。

一方、目標から逆算した結果、目標の実現に繋がる選択肢が目の前に並べられていないという結論に達することもある。私は中学時代から作家になりたかったが、作家のなり方は今ひとつ分かっていなかった。読書や習作など、自分にできる努力はそれなりにしたが、人脈や環境、文化資本といった所与の条件は、そもそも平等ではなかった。高校時代、クラスメイトには大学の文学部教授の子どもがいた。海外の大学に進学できる環境が整っていた子もいた。それらの条件を持っていなかった私は、(理系を選べ、せめて商学部や法学部に入れという親の圧力を振り切って)国内の文学部に進学するという、当時の自分の手が届く範囲の中での最適解を選んだ。それでも、作家になるための道筋は見えてこない。自分には作家になるという目標に繋がるための選択肢が与えられていないんだと、そう悟った私は作家の夢を断念した。それもまた、最適解だった。

このように、私は人生の岐路に立つ時、いつも最適解を選び続けた。最適解だと思って選んだ選択肢の先に待ち受けていた結果は、必ずしも満足のいくものとは限らないし、挫折もまたつきものだった。それでも、それらの選択の一つひとつは、当時の自分の手が届く選択肢から、把握できる情報に基づいて弾《はじ》き出した合理的な判断であることに変わりはない。だから私は自分の下した決断に大きな後悔を覚えたことはない。思い通りにいかないことやままならないことはいくらでもあったが、自分に制御できない事態は自分のせいではないので、後悔する必要もないと割り切った。

修士課程への進学は、いわば選び取った最適解の一つに過ぎなかった。当時の私は台湾にほとほと嫌気が差していて、そこで生きていく将来が思い描けなかった。交換留学を経て、日本への想いが募る一方だった。日本語も上達していたし、日本社会に適応できる見込みが十分にあった。そんな状況で、移民は最適解だと判断した。移民という目標から逆算した時、修士課程への進学が最適解だった。修士課程への進学という目標から逆算した時、早稲田大学の日本語教育研究科が最適解だった。早大は好きだし、環境も熟知している。日本語教育学は交換留学中に力を入れて勉強したし、学部で習った言語学の知識を活かすこともできる。合格する見込みは十分にある。言語学と語学教育は興味のある分野で、研究したいことがはっきり決まっていたわけではないが、研究計画のアイディアはいくらでも思い浮かんだ。将来的に日本語教師になるという進路もある。そして何より、早大は留学生受け入れのために給付型の奨学金を手厚く用意していた。

アメリカの名門大学の比ではないが、私学の雄である早大の授業料も馬鹿にはならず、当時の自分には到底負担できるような額ではなかった。留学のために奨学金はどうしても必要だ。そして当然、奨学金は優秀な学生にしか与えられない。そこで、私は受験先をたった一つに絞り、そこに全力を注いだ。第一志望のみ受験するという「全か無か」の戦略だ。背水の陣とはいえ、それなりに自信はあった。結果、合格しただけでなく、かなり条件のいい奨学金も手に入れた。入学金と授業料の全額免除のみならず、毎月の生活費も支給される。これで少なくとも修士課程の二年間は日本での生活基盤が保証される。

念願の日本移住を前に、私はいくつかの準備作業をした。そのうちの一つが、中国語教師資格の取得だった。

台湾の教育部（文科省に相当する政府部門）は「対外華語教学能力認証考試」という試験を毎年行っている。これは中国語を母語としない中国語学習者に、中国語を教えるための知識と能力を測る検定試験である。

試験には五つの科目がある。筆記の「国語」「中国語教育学」「中国語言語学」「華人社会と文化」、そして口頭試問の「中国語口語表現能力」である。「国語」は高校レベルの問題が出題され、「中国語教育学」は言語教育や第二言語習得論の知識を、「中国語言語学」は言語学の知識を問うものだ。いずれも専門分野なのでお手の物である。

「中国語口語表現能力」は発音の正しさを試す科目である。そもそもこの検定試験を受ける人の大半は中国語教師志望の台湾人で、そのほとんどが中国語母語話者である。しかし、中国語には様々な方言と訛《なま》りがあるので、中国語母語話者であれば誰でも標準的な発音ができるというわけではない。とりわけ台湾の中国語は、巻舌音がはっきりしないとか、歯茎鼻音《しけいびおん》(n)と軟口蓋《なんこうがい》鼻音(ŋ)の区別がつかないといった問題点がよく指摘される。いわゆる「児化音《アルかおん》」も標準的な中国語の要素とされているが、台湾ではあまり使わないので発音できない人が多い。だから母語話者でも発音を試す科目が設けられている。これも私にとって問題ではなかった。

私にとって一番時間を費やして勉強したのは「華人社会と文化」という科目だ。これは華人文化圏の伝統と文化に関する知識を問うもので、例えばこんな問題が出題される。

・以下のうち台湾の客家《ハッカ》籍住民が祀っている神はどれか?
①三山国王　②保生大帝　③清水祖師　④西秦王爺
・伝統的な華人の家族制度の中で、一人の男子が二つの家の血縁を同時に受け継ぐ習俗は何という?
①兼祧　②帰宗　③入贅　④過継
・華人文化圏は茶を飲む文化があり、各地で様々な茶葉が生産されている。以下の著名な

茶葉の種類とその産地の対のうち、正しくないものはどれ？
①鹿谷の烏龍茶《ウーロンちゃ》　②杭州の龍井《ロンジン》
③黄山の碧螺春《へきらしゅん》　④安渓の鉄観音《てっかんのん》

・儒家思想の伝統が唱える「中庸」は今でも華人の言動に大きな影響を及ぼしている。日常的な例を挙げながら述べよ。（記述問題）

――伝統をありがたがるお偉い先生方が考えつくような問題が多く、どこかかび臭いにおいがして、私には面白く感じられなかった。私も一応「華人社会と文化」の中で二十数年間生きてきたが、それらの問題は私にとって身近なものではなかった。「三山国王」なんて見たことないし、「兼祧」なんてしたことないし、「黄山」も「安渓」も行ったことがない。中庸の道理は分かるが、これだって別に華人だけの専売特許というわけではない。ほかの科目はノー勉でも合格できるが、これだけは勉強しなければちょっと苦しい。私は勉強した。勉強しておくのが最適解だったからだ。そして予定通り合格した。

移住する前に中国語教師の資格を取っておいたのは、日本で中国語を教える仕事につきたいと考えていたからだが、台湾政府公認のこの資格は日本ではほとんど何の役にも立たないということが、後になって分かった。

台湾の学校で中国語を教えるなら、確かにその資格は必要だったのだろう。しかし日本となると、そもそもほとんどの人がこの資格の存在自体を知らないから、資格は無価値に等しい。当たり前だが、教育現場で大事にされるのは合格証明書よりも教育の実務経験で、本で得た知識よりもそれを生徒に教えるスキルである。経験もなければたいしてスキルもない私は結局のところ、交換留学時代と同様、中国語教師の職にはありつけなかった。面接の場で見下す態度を取られ、不採用通知すら届かないまま連絡が途切れたというようなこともあった。

一回だけ例外があった。パートタイムの中国語教師として採用されたのだ。中国人が経営していたその学校は、しかし労働条件は最悪としか言いようがない。世に言うブラックな職場である。

まず、時給は千二百円。最低賃金をクリアしてはいるが、語学教師としてはありえない安さだ。しかも、ちょっとした仕掛けがある。実際に授業をしている時間しか給料が支払われないのだ。授業は一コマにつき四十分、コマとコマの間には十分間の休憩が挟まれる。一コマ四十分なので、給料は八百円。十分間だけの休憩時間は外出もできず、学校内で次のコマの準備をしなければならないから、実質拘束されている。にもかかわらず、給料は出ない。このような計算方法を適用すると、例えば午後一時から六時までの五時間勤務で、計六コマだから、給料は四千八百円になる。平均して一時間九百六十円。当時の最低賃金すれすれで、コンビニのバイトとほぼ変わらない。

給料が安くてもやりがいがあるなら、まだ我慢できたのかもしれない。しかしあの学校はマンツーマン形式なので、教室運営のスキルが身につかない。生徒だって毎回同じ人を受け持つというわけではなく、生徒が来校する時間にたまたまシフトが入っている講師が授業をするという仕組みだ。つまり、どの生徒に教えるか、生徒のレベルがどれくらいか、授業の進捗《しんちょく》がどうなっているかといった基本的な情報は、授業の直前まで分からない。引き継ぎもない。そういう仕組みだから、事前準備ができるはずもない。休憩の十分間で急いでテキストを読んでおくのが精一杯だ（給料は出ないけれど）。準備不足の状態で授業に臨むのだから、いつも行き当たりばったりの感じで、ストレスばかりが溜まる。

結局あの学校は一か月足らずでやめてしまった。給料がすべて当日手渡し（これも脱税のためではないかと勘繰ってしまうのだが）なので賃金の不払いはなかったという点だけは助かった。なんで日本の中国語学校はこんなのばかり？　と恨めしい気持ちにもなったが、しかしもっとちゃんとしている学校もきっとどこかには存在するはずだ。例のブラック学校は恐らく授業料の安さを売りにしていたのだろう。だからちゃんとした給料を払うこともできず、ちゃんとした給料を払うことができなければちゃんとした講師を雇うこともできなかった。それで、私のような経験の乏しい修士課程の大学院生でも拾われた。要はちゃんとした学校に採用してもらえるような技量を私が持っていなかった。それだけのことである。

しかし、そんなブラックな学校でも奇跡というべき印象深い出来事があった。

あの学校に通っていたのはほとんど四、五十代のサラリーマンの男性で、恐らく仕事の必要に迫られて中国語を習い始めたのだろう、正直モチベーションもレベルも高いとは言えなかった。ただ、一人だけ、女子高生のYさんがいた。彼女は本当に中国語が好きなように見えて、勉強もとても頑張っていた。将来、中国語圏に留学したいとも言っていた。私は一か月未満の勤務で、Yさんに一回だけ当たったことがある。たぶん二コマ分、八十分だけ教えた。

ブラック学校で教えた数週間は履歴書に書けるような経歴でもないし、あまり覚えていたいことでもない。時が経つにつれ、その数週間の勤務も、そこで教えた何人かの生徒の顔も、ごく自然に記憶の水底《みなそこ》に沈んでいった。

時間が流れ、数年が経った。私は大学院を修了し、会社に就職し、さらには作家デビューした。ある日、アジアの国際交流系の何かのイベントで早大に行ったら、休憩時間に急に「ことみ先生！」と話しかけられた。

Yさんだった。

もちろん、私は彼女の顔も、彼女を教えたことがあることも覚えていなかった。しかし彼女は私のことをよく覚えていた。それだけでなく、イベントの会場で偶然見かけただけで、私だと分かったのだ。

私には逆立ちしてもできない芸当（芸能人や俳優の顔すらまともに覚えられない）だが、世の中には一回会っただけで相手の顔をいつまでも覚えていられる種類の人間がいるというのは確かだ。脳の構造や記憶の仕組みが違うのか、はたまた心の底から人間が大好きなのか、いずれにせよ、私はこんな人には畏敬の念を抱かずにはいられない。

八十分限りの教え子だったYさんは、再会した時には立派な大学生になっていた。中国語だけでなく韓国語も学び、どちらもかなり上達した。夏休みと春休みは色々な国に旅行し、中国や台湾にも留学していた。アジアの国際交流の活動にも携わっていた。例の学校は私にとってはブラックな職場だったが、彼女にとっては思い出深い啓蒙の地だったようだ。実は給与体系はかなりブラックだったけどね、と私が打ち明けると、そうだったんですね、と彼女は驚きを禁じ得ない様子だった。

たとえブラックな学校でも、育つ人は勝手に育つんだなと、私は感心した。

Yさんとはそれきりだったが、その記憶は、私のそう長くない教師経験の中ではとびっきりの宝物になった。


中国語だけでなく、日本語も教えたことがある。

台湾にいた頃、家庭教師として何人かの生徒に日本語を教えていた。そのうちの何人かは本当に優秀で、順調に上達していった。高校生のうちに日本語能力試験の最上級に合格しており、「これ以上何を教えればいいんだろう」と悩んだ生徒もいた（小説の読解や難読漢字や古文を教えた）。このような張り合いのある生徒に出会うと教師としてもやる気が湧き、何時間もかけて自作のプリントを用意した。

Yさんにしろ、日本語の生徒にしろ、私自身にしろ、語学において上達するのは結局、必要に迫られる人ではなく、その言語と、言語が使われる社会と文化に深い愛情を抱いている人なんだなと、何度もしみじみ思った。

実のところ、母語である中国語より、第二言語である日本語のほうがずっと上手に教えられる自信がある。私自身も日本語を学んできた身なので、日本語の文法や発音の仕組みも、単語や文型の難易度もある程度把握しており、かつそれを言語化して伝えることができるからだ。

ところで、日本で日本語教師になるには、次の三つの条件のいずれかをクリアする必要があると言われている。

①大学等で日本語教育を専攻または副専攻とし、修了すること

②学士号を有し、かつ日本語教師養成講座の四百二十時間のコースを受講し、修了すること

③日本語教育能力検定試験に合格すること

このうち、私は①と③をクリアしている。③の「日本語教育能力検定試験」は名前が長く、また「日本語能力試験」とは字面が似ているから混同されることもあるが、まったく異なる試験である。「日本語能力試験（ＪＬＰＴ）」は日本語を学ぶ学習者の日本語能力を測る試験で、留学や就職など、幅広い場面で使われる。日本語学習者にとって最も身近な試験といっても過言ではない。一方、「日本語教育能力検定試験」は日本語を教える能力を測る試験で、主に日本語教師志望者が受けるものである。ちなみに、似ている検定試験に「日本語検定」というも

のがある。こちらは日本語母語話者を想定した、日本語の運用能力を測る試験である。学習者を対象とする「日本語能力試験」とは似て非なるものだ。

「日本語教育能力検定試験」は合格率二〇パーセントの難関である。[*1] 試験では言語学、第二言語習得論、異文化コミュニケーション論、言語政策、文化と社会、日本語教育史など、幅広い分野の問題が出題される。学習者の発音を聞いて、発音の問題点を音声学的に指摘するリスニング問題もある。

例えばこんな問題が出される。

・【　】に示した観点から見て、他と性質が異なるものはどれか？

【調音方法】

①[ɾ]　②[s]　③[ʒ]　④[h]　⑤[ð]

・「得点の平均値を比較」する分析手法として最も適当なものはどれか？

①因子分析　②カイ二乗検定　③t検定　④相関分析

・中国残留邦人が日本に帰国する契機となった出来事はどれか？

①日華平和条約締結　②日中国交正常化

③日中平和友好条約締結　④日中文化交流協定締結

・「人をどのように呼ぶかは、場面や相手との人間関係などの要因によって異なる」のような言語現象を何という?
①リンガフランカ　②レジスター
③プロトコル　④ピジン

「日本語教育能力検定試験」は一発で合格したが、しかし私は日本語教師にはついにならなかった。必要とされる学歴と専門性の高さとは裏腹に、日本における日本語教師の待遇は決していいとは言えないからだ。

日本国内における日本語教師の勤務形態は、ボランティアが三分の一強、非常勤が三分の一強で、常勤講師は二割未満である。つまり日本語教師のほとんどが無給かアルバイトだ。研究者になり、大学教授の職につけば話は別だが、一般の常勤講師でも待遇は過酷で、日本の平均年収を下回るケースがざらにある。業界全体がブラックで、いわば「やりがい搾取」の世界だ。

大学院を修了し、日本語教育学の修士号を取得した後、日本語教師になるという選択肢は確かにあった。早大に残り、かつて自分が日本語を学んだ「別科日本語専修課程」で教鞭《きょうべん》をとるという道だ。さぞかしやりがいのある仕事になるだろう。Yさんのような嬉《うれ》しい生徒にも何人かは出会えるだろう。しかし、たとえ雇用されても非常勤で、担当できるコマ数は限られている。計算してみると、月収二十万未満の世界だ。飢え死にはしないが、家賃もあるので生活をぎりぎりまで切り詰めなければならない。夏休みや春休みは収入がないので、別の仕事をする必要がある。非常勤雇用では就労ビザが下りるかどうかも未知数だ。

一方、修士号という学歴で就職活動し、一般企業に正社員として就職すれば、高い賃金が期待でき（初任給でも日本語教師よりは高い）、福利厚生も完備で、安い社員寮にも住める。終身雇用の安定性があり、食いっぱぐれることはない。就労ビザもほぼ問題なく下りるだろう。二つの選択肢を前にした時、私は当然、最適解を選んだ。

結果的に、それでよかった。会社員になっていなかったら、私は朝の通勤電車に乗ることもなければ、「死ぬ」で始まるデビュー小説を書くこともなかっただろう。そうしたら李琴峰という作家も、今まさに読まれているこれらの文章も世の中に生まれなかったに違いない。文学部、交換留学、大学院、移民、就職——最適解を選び続けているうちに、私は結果的に中学時代の夢を叶《かな》えることになった。まるで予定調和のようだ。

それでも私は時々、選ばなかった最適解じゃないほうの選択肢に思いを馳《は》せる。もしあのとき日本語教師になっていたら、今の自分はどうなっているのだろうか。そんな想像をしながら、私は『星月夜《ほしつきよる》』という小説を書いた。W大学で日本語を教える台湾人女性を主人公に据えることの小説は、ありえたかもしれない、いわばもう一つの可能世界の形だ。

＊1　私が受けていた時は二〇パーセントくらいだったが、改めて調べたら、近年合格率は三〇パーセントになっているらしい。

言語というフィルター

言語学習にある程度の深さでコミットした経験を持つ人は大抵、とある問題に遭遇したことがあるのではないだろうか。すなわち、「その言語に内在する偏見を、どこまで受け入れて内面化し、どこを意識的に拒否して修正するか」という問題である。

言語を使うのは人間であり、特定の言語は、特定の人間集団によって使われながら形作られてきた。人間が自分たちの身の回りの世界をどのように見、どのように認識するか／してきたかによって、「世界観」が築き上げられる。特定の世界観を持つ人間が情報伝達をする際に用いるのは言語なので、彼らの持つ世界観はもちろん、言語にも組み込まれる。「言語は道具に過ぎない」という人たちがいるが、これには賛同できない。言語は道具みたいなニュートラルなものではなく、いわば世界を見るフィルターのようなものだ。特定のフィルターを通して世界を見た時、ある部分は解像度が高くなるが、別の部分は解像度が低くなったり、捨象《しゃしょう》されたりする。それだけでなく、言語は時には曲面鏡のように、映し出す像を歪ませる。

ところで、私はここで「曲面鏡」と書いたが、実際に頭に浮かんだのは中国語の「哈哈鏡《ハーハージン》」という言葉である。「哈」は笑い声を表す中国語の漢字なので、直訳するとさしずめ「ハハハの鏡」になるだろうが、要は凹面鏡と凸面鏡を組み合わせた鏡のことだ。そういう鏡に映る像は歪んで滑稽に見えて笑いを誘うので、中国語では「哈哈鏡」と名付けられた。私は「哈哈鏡」が書きたくて、日本語で何と言うんだろうと思って調べたところ、どうやら一番しっくり来る訳が「曲面鏡」なのでそのように書いたのだが、それにしても「哈哈鏡」と「曲面鏡」はまったく質感の異なる言葉ではないだろうか。同じものを指しているはずなのに、見方と発想は完全に異なっているのだ。

新しい言語に出合い、習得すると、その言語に内在する独特の世界観に目を開かされる思いをすることがある。アラビア語で「こんにちは」に相当する挨拶「アッサラーム・アライクム」は直訳すると「あなたの上に平安がありますように」で、未来の事柄を述べる時に使うフレーズ「インシャアッラー」は「神の思し召しのままに」だ。ウイグル語の別れの挨拶「フダーイムガ・アマーネット」は「あなたを神に託したよ」の意味である。いずれもこれらの言語が使われてきた文化圏における神の身近さを実感させる言葉だ。中国語では儒教の二元論的な宇宙観が対句や四字熟語の多用に反映されているということは「四文字の宇宙」章で述べた通りである。これらの言語を母語とする人にとっては何の変哲もない日常的な表現に過ぎないが、初めて出合った人は、まったく違うフィルターを通して世界を見ているような新鮮味を感じるだろう。

日本語との出合いも発見の連続だった。日本語というフィルターを新たに手に入れることで、私は世界を違う角度から見ることができた。それまでは同じだと思っていたものや感覚が、実はまったく違うものだと気づいた。

例えば「人参」と「大根」。中国語では前者は「紅蘿蔔《ホンルオブオ》」で、後者は「白蘿蔔《バイルオブオ》」だから、同じものの色違いだろうと思っていた（ちなみに、人参は「胡蘿蔔《フールオブオ》」とも言い、「胡」は異民族の呼称なので中国語圏の人たちにとっては外来の食物であることが名称で強調されている）。「匙《さじ》」も「スプーン」も「レンゲ」も「おたま」も、中国語ではことごとく「湯匙《タンチー》」として区別されていない。レンゲを所望したつもりなのにスプーンが出てくることが普通にあるし、医者が諦める時に投げるのはどれでも構わないわけだ。「マシュマロ」も「綿菓子」も、中国語では「棉花糖《ミエンホアタン》＝綿のようなふわふわしたお菓子」なのでやはり区別されない。

あるいは、「かゆい」も「くすぐったい」も、中国語ではどちらも「癢《ヤン》」である。実際にはかなり異なる感覚なのに、中国語では同じ感覚としてまとめられているなんて、今思えば不思議だが、日本語を習得していなければその不思議さにも気づかなかったのだろう。「搔癢《サウヤン》（『隔《かっ》靴《か》搔痒《そうよう》』の『搔痒』と同じ字だ）」という言葉は「かゆいところを引っ搔く」という意味もあるが、「くすぐる」という意味もある。一応、曖昧性をなくして前者を「抓癢《ジュアウヤン》」、後者を「呵《ハー》癢《ヤン》」と言う表現も存在するが、それにしても紛らわしい。

英語では「肩凝り」という概念がないとよく言われる。しかし当然、英語話者は肩が凝らないというわけではない。では英語で肩凝りは何と言うかというと、端的に「pain（痛み）」である。中国語では「肩凝り」は「肩膀痠《ジェンバンスアン》」と言うが、この「痠《スアン》」はかなりトリッキーな表現だ。味を表す「酸《スアン》（酸っぱい）」とは同源だろうが、肩が「酸っぱいような痛みを覚える」すなわち「肩凝り」なのだ。「痠」という表現は肩凝りだけに使われるわけではない。腰が痛いことを「腰痠《ヤウスアン》」と言い、歩きすぎて足が痛いことを「腿痠《トゥエスアン》」と言う。およそ筋肉痛のような痛みは、中国語では「酸っぱい痛み」として捉えられる。どの言語を話そうと人間の身体は同じはずなのに、「かゆい」「くすぐったい」「肩凝り」「腰痛」といった身体感覚の捉え方が言語によって違うのは面白い。

身体感覚と同じで、感情の捉え方もまた異なる。日本語の「切ない」「やるせない」「やりきれない」「もどかしい」「歯がゆい」「面はゆい」「こそばゆい」「微笑《ほほえ》ましい」といった心的動きを表す形容詞は、中国語ではなかなか完璧な対訳が見つからない。日中辞典を引くとそれなりに翻訳が出てくるが、どちらの言語も分かる人からすれば、どの訳語もしっくり来ない。同じ人間なので中国語話者にはこれらの感情がないというわけではないが、日本語とは異なる仕方で感情を切り分けているのだ。もちろん、中国語にしかない感情の表現もある。「委屈《ウェイチュー》」という言葉は日本語ではなかなか言い表せない。強いて説明するならば「不当な待遇を受けて不平不満に思ったり、悔しい思いをしたりする」といったところだろう。

言語に組み込まれている世界観は、その言語の使い手たちが太古の時代にどのように世界を捉えてきたかを反映していることが多い。「天地《あめつち》」という語から分かるように「天」は「あめ／あま」と読めるが、「天からの水＝雨」ということで、「雨」と「天」は同源であるという説がある。太古の人間は雷光が稲を実らせると信じていたから、雷光は「稲妻《いなずま》＝稲の夫《つま》（古い日本語では夫婦や恋人の仲にある相手は男女関係なく「つま」と言う）」と呼ばれるようになった。「黄昏《たそがれ》」の語源は「誰《た》そ彼《かれ》＝彼は誰だ」であり、日が暮れて空が暗くなり、相手の顔が見えない時に発されたこの疑問文は、転じてその時間帯（夕方）を指す語になった。「黄昏時」の対義語「かわたれ時」は「明け方」の意味で、語源は「彼《か》は誰《たれ》」である。新海誠《しんかいまこと》監督のアニメ映画『君の名は。』は「かわたれ時」の音を入れ替えて「片割れ時」という語を作り出し、「黄昏時」と同じ意味で使った。「かわたれ時」の語源「彼は誰⇔彼の名は？」を考えると、「君の名は。」は実によくつけたタイトルである。

「黄昏時」と同じくらいの時間帯を指す言葉に、「逢魔《おうま》が時」がある。字面から「魔物に遭遇する時」と解釈できるが、語源は「大禍時《おおまがとき》＝大きな災禍が起こりやすい時」である。古代の人たちにとって、日が暮れた宵闇は魑魅魍魎《ちみもうりょう》が出始める禍々《まがまが》しい時間帯であることが、この言葉から分かる。「禍」と言えば、この言葉は「曲がる」と同源で、本来は「直《なお》」の対義語で「まっすぐではない」の意味だが、転じて「よくないこと」「邪悪なこと」「災い」の意味になった。現代の英語で「まっすぐ《ストレート》ではない」ことが「同性愛者」の意味になるが、「まっすぐではない」

という性質を何かよくないとされる事象に結びつける発想は同じだ。それにしても、英語と日本語を合わせて考えると、「異性愛者＝ストレート＝まっすぐ」「同性愛者＝曲がっている＝禍」という構図になるが、まるで同性愛者は何か大きな災禍をもたらす恐ろしい力を持つ存在かのようで、なかなか愉快な発想ではある。邪神か何かだろうか。

言語には使い手たちが長い年月を通して培ってきた世界観が組み込まれていることは前述の通りだが、そうした世界観が現代的な道徳観・倫理観・人権観念にそぐわない場合、それは好ましくない偏見として扱われる。同性愛者を「ストレートではない」とする例はまさにそれである。

日本語では「海外」という言葉は「国外」とほぼ同じ意味で使われるが、これは島国である日本にとって「海の外」がほぼイコール「国の外」だからだろう（東京から沖縄へ行っても海外旅行にはならない）。また、言語を数える時に「一か国語」「二か国語」というふうに「～か国語」という助数詞を違和感なく使う人が多いが、よく考えたら、言語と国の境目はほとんどの場合一致しないのだから、本来かなりおかしな表現のはずだ。私が「李さんは何か国語喋《しゃべ》れるの？」と訊《き》かれた時いつも困るのはそのためである。さしずめ私に話せる言語は、中国語、日本語、台湾語、英語の四言語で、話せるわけではないが少し習ったことのある韓国語も入れれば五言語になるが、これらの言語のうち、少なくとも中国語と台湾語、英語はどこか一つの国の国語であるというわけではない。例えば中国語圏は中国だけではないし、中国に住んでいる人はみな中国語が話せるわけでもない。英語だって、世界中の多くの国で共通語になっている。言語の境界線を国の境界線になぞらえた「〜か国語」という助数詞はかなり無理のある表現と言わざるを得ないが、それが日本語でかくも一般化しているのは、少なくとも近代以降、「日本国の領土」と「日本語が話される土地」の境界線がおおむね一致しているという、言語自体ではなく人間側の事情によるもので、偏った世界観の反映にほかならない。

日本語圏においても中国語圏においても、男尊女卑の価値観は古くから支配的だったので、そうした世界観も当然言語に反映されている。夫婦の呼称において、日本語では妻は夫を「主人」と呼び、夫は妻を「家内」と呼ぶのはその例だ（あるいは他者の妻や夫を「奥さん」「旦那さん／ご主人」と呼ぶのも同様である）。中国語でも、妻は夫を「外子《ワイズー》（外で働く人）」と呼び、夫は妻を「内人《ネイレン》（家の中にいる人）」と呼ぶ表現が存在する。このような伝統的な性役割は近代的な男女平等の価値観にそぐわないということで、中国の中国語では一時期言い換え運動が起こり、妻も夫も男女関係なく「愛人《アイレン》（愛する人）」と呼ぶようになった（この用法は台湾の中国語にまでは普及していないため、中国特有の表現である）。

日本語は性差が目立つ言語であると言われ、男性と女性とで、用いる言葉は語彙《ごい》・文法面においても音韻面においても大きな違いが見られる。人称代名詞から、動詞の活用、終助詞に至るまで、もっぱら男性が用いるマスキュリンとされる表現と、女性が用いるフェミニンとされる表現が存在する。

すると、日本語学習者は葛藤しなければならないわけである。とりわけ日本語ほど性差が大きくない言語を母語とする人にとって、どこまで日本語の性差に順応するのか。日本語教育の場では、「動詞の命令形（走れ）と禁止形（来るな）は口調の強い男性的な表現なので、女性は使わないほうがいい」と教えられることがある（私もそのように教わった）。コミュニケーションのトラブルを未然に防ぐ観点からそういう教え方は理にかなっているが、別の観点（性差を押しつけているのではないか？　性役割を強化しているのではないか？　そういう教え方で学習者は自分らしい表現の仕方を身につけることができるのか？　など）からすると、必ずしも理想的とは言いがたい。当たり前のことだが、女性でも命令形や禁止形を使うことがある。軍の中で女性の上官が部下に指示を出す時は命令形を使うこともあるだろう。仲のいい友人同士のざっくばらんな冗談やじゃれ合いで、命令形や禁止形が使われることもあるだろう。あるいはマスキュリンなジェンダー表現をするレズビアン（いわゆる「ボイタチ」）は、「僕」や「俺」といった一人称を使ったり、男性的な言葉遣いをしたりすることもままある。学習者が教科書的な原理原則を学び、実際の言語使用に接しては戸惑い、やがて自分らしく感じられる表現を育て上げるまで、往々にして長い時間を要する。

言語を形作ってきたのは特定の人間集団の中でもマジョリティの人たちなので、マジョリティの無意識バイアスは往々にしてそのまま言語に反映され、文化の中で温存される（例えば「看護婦」「保母」「婦警」など）。マイノリティへの軽視や強い侮蔑が込められる言葉もある（「女流」「おかま」「ホモ」「レズ」）。

このような無意識バイアスや偏見、侮蔑、差別などが組み込まれている表現を意識化し、それを言い換えようとするのが「ポリティカル・コレクトネス（ポリコレ）」と呼ばれる運動である。看護の仕事をするのは必ずしも女性ではないので看護婦ではなく「看護師」に、警官や実業家は必ずしも男性とは限らないので「policeman」「businessman」ではなく「police officer」「business person」に言い換えるのがその例だ。「女流文学」ではなく「女性文学」、「レズ」ではなく「ビアン」か「レズビアン」、「両刀使い」ではなく「バイセクシュアル」、「性転換者」ではなく「トランスジェンダー」などの言い換えも同じだ。

これらのポリコレ的な言い換えは、無意識バイアスを意識の表層に掘り起こし、言語を変革することで社会と文化を変革するという意味で有用である。しかし、そうした言い換え運動には自《おの》ずと限界があることも意識しなければならない。言語には長い年月を通して人間の世界観が組み込まれている以上、何らかの偏見が内在するのは宿命のようなものだ。そのような偏見は言語全体に遍在する根本的なものであり、いくつかの単語を言い換えるだけでは解決しない。

台湾語には「オーローボッゼイ」と「アサブル」という言葉がある。いずれも「でたらめ」「まともじゃない」といったマイナスな意味の言葉だが、前者の語源は新疆《しんきょう》の都市・烏魯木斉《ウルムチ》で、後者の語源は日本語の「朝風呂」である。新疆は台湾から見たら途方もない辺鄙《へんぴ》な場所にあり、また漢民族から見たら文化の低い「化外《けがい》の地」とされていたため、「烏魯木斉」という地名は台湾語では「でたらめ」という意味になった。「朝風呂」が台湾語に取り入れられたのは日本統治時代だが、朝にお風呂に入る人は朝帰りの人（夜遊びに耽《ふけ》る人）が多いので、遊び人を罵る言葉になった。これらの言葉はいずれも偏見にまみれているが、それでも特定の人間集団がどのように他者を眼差し、他者に影響されてきたかの歴史が刻み込まれている。こんな言葉までことごとく言い換えたり、禁止したりするのは現実的ではない。そもそも漢字を使っている時点で、とんでもない偏見を日々再生産しているのだ。「女」や「母」といった漢字の成り立ちは、「音を科学する魔法」章で述べた通りである。

ところで、日本語のポリコレ用語には英語や中国語にない、もう一つの問題がある。カタカナ言葉／外来語の多用である。古くから日本語に根差した和語や、一つひとつの漢字がしっかり意味を持つ漢語とは違い、主に西洋語の音だけ、上辺だけを写し取る「外来語」は、どうしたって無色にして無味無臭、ゆえに無害のイメージになる。無味無臭無色無害だから、マイナスなイメージを纏《まと》う古い言葉を言い換えるのにぴったりというわけだ。

第百七十回芥川賞受賞作、九段理江の小説『東京都同情塔』は、ポリコレの時流における外来語の多用の問題を取り上げ、疑問を呈している。小説では「犯罪者」のポリコレ的な言い換えとして「ホモ・ミゼラビリス（同情されるべき人々）」、刑務所の言い換えとして「シンパシータワー」が用いられる世界が登場する。誰も不快な気持ちにさせない生成ＡＩ特有の無味乾燥な文体と、無色無害のカタカナ言葉を通じて、著者は言葉について、あるいは日本語の変容について、自分なりの思索を繰り広げている。

とはいえ、外来語の多用は別にポリコレだけの問題ではない。いわゆる「ビジネス用語」も外来語を多用するが、その根底にあるのもまた、他者との摩擦を減らすためになるべく無難な言葉を使おうという動機であり、そういう意味ではポリコレ用語に似ている。「証拠」「根拠」と言わずに「エビデンス」と、「仕事」「課題」と言わずに「タスク」と、「しなければならない」「必須」と言わずに「マスト」と、「報酬」「奨励」と言わずに「インセンティブ」と、「柔軟に」と言わずに「アジャイルに」と言うのも、まさしくこれらの言葉が纏う無色無害な（ゆえに客観的・理知的だという錯覚すら与えられる）イメージのためである。ほかにも、アグリー、アジェンダ、アサイン、イニシアチブ、ジャストアイディア……挙げ出したらキリがない。もしビジネス用語には何の疑問も呈さないのにポリコレ用語に対してだけ文句を言いたがる人がいれば、やはり自分自身の言語観の偏りを省みたほうがいいかもしれない。

ポリコレ批判のクリシェとして、「それはただの言葉狩りだ」というものがある。しかし、差別用語を忌避するポリコレ運動の時流を毛嫌いするのもまた、言葉の本質を理解していない行為である。様々な理由によって特定の言葉の使用を避けたり、言い換えたりする現象は、何も最近急に始まったものではない。昔からある普遍的な現象である。その一例が、「忌み言葉」

というものである。

「するめ」の「する」は「金をする（失う）」を連想させ縁起が悪いので「あたりめ」と言い換えたり、「梨」を「ありの実」と言い換えたりするのが「忌み言葉」の典型例である。結婚披露宴が終わることを「お開き」と言うのも同じだ。

また、人間は不潔とされる事物を指し示す際に、婉曲《えんきょく》的な言い回しはないかとあれこれ創意工夫を凝らす傾向がある。女房詞《ことば》で「生理」を「さしあい」と言い換えるのはその例である。そうした言い換えの最たる例はむろん、排泄に関するものだ。排泄物を表す言葉に「屎」「尿」があるが、さすがに直接すぎて日常的にこれを使う人はほとんどいないのではないだろうか。より婉曲的な表現に、「大便」「小便」がある。「便」という字は、本来「順調であること、平らであること、障りのないこと」という意味なので、「大便」「小便」「便所」はすでに遠回しな言い方だったが、時代が下るとその「遠回し感」も薄くなり、人々はこの表現をも忌み嫌うようになり、更なる遠回しな表現を求めた。「うんこ」「おしっこ」「お通じ」「大のほう」「用」など。排泄をする場所も、「厠《かわや》」「便所」「トイレ」「お手洗い」「化粧室」「パウダールーム」というふうに、どんどん消臭されていく。

時代の流れや場の雰囲気、あるいは価値観の変化など、何らかの理由で使いづらいと感じる言葉を、よりニュートラルに感じられる別の言葉に言い換えるという意味では、ポリコレ用語もビジネス用語も忌み言葉も根本的には変わらない。どれも日本語の一位相である。そう考えると、ポリコレの風潮を無闇に毛嫌いする必要もないのではないだろうか。結局のところ人間も言葉も生き物なので、人々の意識の変化は言葉にも変化をもたらすのが自然な流れである。

むしろそれより大事なのは、差別は言葉だけの問題ではないと知ることだ。「屎尿《しにょう》」を「大便／小便」「うんこ／おしっこ」と言い換えたところでその内実が変わるわけではないように、「ホモ／レズ」を「ゲイ／レズビアン」と言い換えたところで、「障害者」を「障がい者」と書き換えたところで、社会に内在する差別的な構造が変わるわけではない。そういう意味で、ポリコレ的な言い換えは言語というフィルターの曲面に少し手を加えただけの、意識喚起の手段にすぎず、目的ではないのだ。

日本語からの祝福、日本語への祝福

先日、仕事で訪れたバンクーバーの空港でたまたま隣にいた日本人女性と少し立ち話をした。私と同世代に見える彼女はパートナーと一緒にバンクーバーに住んでいて、先住民をサポートする仕事をしているという。なんでカナダへ移住しようと思ったの？　と訊《き》くと、彼女は少し考えてから、

「日本でも就職活動をしていたけど、なんか、馬鹿馬鹿しくなって」

と、はにかみながら答えた。

女性の気持ちはよく分かる。日本の就職活動（新卒採用）ほど、不毛でいびつなシステムはなかなかない。ある時期になるとみんなで一斉に動き出し、同じような格好をし、同じような表情と声で喋《しゃべ》り、同じようなことをする。就活シーズンになると突如出現する就活生の大群はさながら渡り鳥のように、集団で現れ、集団で飛び回り、集団で通り過ぎ、そして集団でどこかへ消えていく。

私も渡り鳥の一羽で、毎日毎日、「活動」に勤《いそ》しんでいた。たいして興味のない企業でも情報を調べまくっては、「面白そう」と催眠術をかけるように自分に言い聞かせた。企業説明会に出ては好印象を持ってもらうために媚《こび》を売り、知りたいことがあまりないのに無理やり質問を絞り出した。エントリーシートに履歴書、自己分析に業界研究、ＳＰＩに玉手箱、グループワークに集団面接。道化のようにへらへら笑い、陽キャのようにはきはき喋り、マナー講師に言われるがままにぺこぺこ頭を下げるたびに、内なる自己嫌悪が溜まっていく一方だった。

　心底、滑稽だった。まだ学生なのにいっちょ前にスーツを着て背伸びしようとするのが滑稽だった。それが無理な背伸びだと分かっているのにみんなやっているから自分もやるしかないのが滑稽だった。まだ学生だからと無知だと決めつけられ馬鹿にされ見下されるのが滑稽だった。規格化されたシステムの中で、無個性な集団の一員であることを強要されながら「個性を見せろ」と言われるのが滑稽だった。表向きでは経団連の指針に従って採用活動の日程を遵守しているふりをしながら、裏では他社を出し抜くことばかり考えている企業の、そんな誰でも知っているのに誰も決して口には出さない、あまりにも見え透いた嘘《うそ》が滑稽だった。

　書くほうにとっても読むほうにとっても苦痛にしかならないのに「そのほうが気持ちが伝わるから」と謎の精神論を繰り出し、手書きを要求してくるエントリーシートと履歴書。たいして勉強も学力も重視されていないのに学力を試してくるウェブテスト。誰もが相手を蹴り落とすことしか考えていないのに仲良く課題に取り組むふりをするグループワーク。ただ賃金と生活の糧を得たいがための職探しなのに「○○を活かして御社に貢献したいですッ！」と志望動機をアピールすることの空しさと嘘くささ。本当は滑り止めのつもりで受けているのに「御社が第一志望ですッ！」と胸を張って宣言することの白々しさ。

自分のことは自分が一番よく知っているのになんで「自己分析」なんかをやらされるんだろう。会社内部の事情は内部の人間にしか分からないのに「企業研究」なんかをやる意味がどこにあるんだろう。ただ当面の生活の糧が欲しいだけなのになぜ自分の生い立ちや過去の経歴まですべてさらけ出さなければいけないのだろう。終身雇用制がぐらぐらと揺らぎ始めているのにいまだに定年まで働くことを前提に話が進むのはなぜだろう。ましてや「これまでの人生で一番辛かったことは?」と臆面もなく訊いてくる面接官やエントリーシートなど、心底意味が分からなかった。他人の生における一番の深淵《しんえん》を、あなたなんかに受け止めきれるのだろうか?　そんな設問で、真実が得られると本気で考えているのだろうか?

これは一種の儀式だろう、と私は思った。洗礼、通過儀礼、いわば禊《みそぎ》のようなものだ。同じような服を着て、同じような表情と声で喋り、同じような行動をすることで、私たちは実質的に「社会」に対して、こういう宣誓をしているのだ。

「私たちは、独自の思考と好悪を持つ独立した個体であることを放棄し、これからは社会の歯車として大人しく組織に取り込まれることを誓います。そのためには本音よりも建前を、多様性よりも同質性を、自己の信念よりも上司の指示を、真理の追求よりも調和の維持を重んじます。私たちは、組織の利益と成長のために、組織が許す枠内で自らの知性と能力を最大限発揮し、しかし必要に応じて適宜に思考停止もすることを誓います」

滑稽さと馬鹿馬鹿しさ、空しさと白々しさ、そういった感情をことごとく押し殺し、私は渡り鳥の群れに加わった。システムに打ち勝つためにはシステムを知らなければならない、なんて格好いいものではなく、私にはそもそも現実的な選択肢がさほど与えられていなかった。みんなと同じことをやって何とか職と生活の糧を確保する、それが生きていくために私が選び取るべき最適解だった。みんなできるのだから私にできない道理はない、というささやかなプライドが心の支えだった。

そして、実際にできた。私は昔から、権威やシステムを呪いながらも必要な時には順応したり利用したりもする、そういう反抗心と小賢《こざか》しさを併せ持つ人間だった。何はともあれ、禊を経た私は、日本を代表する大企業の一つに就職した。

そこは世間知らずの院卒生にとって申し分のない職場だった。家賃の安い社員寮があり、福利厚生が充実し、服装についても厳しい規定はなく、そこそこ自由だった。過去の年功序列制に対する反省がなされ、若手社員をそれなりに優遇していた。ちょうど会社の業績が右肩上がりの時期に当たり、入社二年目にして年収が日本平均を上回った。巷《ちまた》に聞く低賃金とか賃金不払いとかサービス残業とかいったブラック企業のエピソードとはひとまず無縁の、それなりにホワイトな職場だった。

週五日で満員の通勤電車に乗る。品川駅の「サラリーマン大名行列」に交じって出社する。打刻、挨拶、着席、個人作業、打ち合わせ、課の定例会議、部の定例会議、部門全体の集会、研修、出張、社員食堂での昼食と夕食、時々行われる飲み会——そんな新しい日常にはすぐ慣れたと言えば慣れたし、なかなか慣れないと言えば最後まで慣れていなかったような気もする。慣れるって何だろう。自我と感受性を「社会性」という名の麻酔薬で鈍らせ、なけなしの精力と情熱を絞り切って、求められる時間に求められる仕事をそつなくこなす日々を繰り返すことが「慣れる」ことだとしたら、私は間違いなく会社員生活に慣れていたと言える。一方で「社会人」とされることへの違和感や、「社畜」と自嘲する皮肉さが、まだ自我を保てているというささやかな証左となっていた。

ブラック企業とハラスメントが蔓延《はびこ》る世の中にあってこんな職にありつけたのだから、これ以上不満を言えば罰が当たりそうだ。企業や国が破綻しない限り、自我を押し殺して定年まで勤め上げさえすれば、ひとまず裕福な老後生活が保証される。いくらこれを望もうと手に入らなかった人たちが、世の中にはごまんといる。これ以上何を求めるというのだろう。

——このように、客観的な目線と思考が私の行動を制御していた。実際、仕事を通してそれまで知らなかった世の中の仕組みを知ることができたし、勉強になることも多々あった。しかし一方、主観はことあるごとに意識の片隅から姿を現し、イブを誘惑する蛇のように囁《ささや》きかける。「あなたはこんなところに収まる人間ではない」、という言い方が尊大すぎるとしたら、少なくとも、「これはあなたの望んでいたことではないはずだ」、と。

蛇に囁かれるたびに心が疼《うず》いた。本当は私自身が一番よく分かっている。就職活動で、あれほど自己分析を行い、自己PRを考え、志望動機を練り、「やりたいこと」を捻《ひね》り出したけれども、すべては空しく、端《はな》から嘘っぱちだった。私のやりたいことは自己分析をしなくても、就活セミナーに通わなくても、そんな回りくどいプロセスを辿《たど》らなくても、最初からはっきり決まっていた。

私は文章が書きたい。小説が書きたいのだ。それが私の夢であり、それ以外のところでは夢も希望も見られやしない。どんなに条件のいい職場であっても、私にとってせいぜい「次善」にしかなりえないのだ。

青臭いアンビバレンスだった。そんなアンビバレンスを乗り越えて、理想と現実の狭間《はざま》でなんとかして折り合いをつけてこそ、人間は成長するのかもしれない。それが大人になるということなのかもしれない。しかし、仮に成長が夢の墓場だとしたら、青春の死骸を踏み台にした人生にどんな意味があるというのだろう。人生や存在に端から意味などないのだと、そう言われてしまえばそれまでだが、意味を問い続けずにいられないというのがどうやら私の避けがたい性分だったようだ。

気づいたら、私はまた小説を書き始めていた。乗り始めた通勤電車の中で、ある日、雷に打たれたように死の想念にとらわれ、取りつかれたみたいに書き続けた。それが何になるのかは分からないし、発表の当てもなかった。そんなことはどうでもよかった。私はただ自分の中に巣くっていた得体の知れないものを言葉にして吐き出したかったし、ただ、出来上がったものを見てみたかった。言葉を紡いでいる時だけ、本当の自分を見つけたと思えた。生国《しょうごく》を離れ、母語の外側に出てしまった私にとって、生活する言語である日本語で書くのはごく自然なことだった。

必然とは何で、偶然とは何か。あるいは世の中の出来事は押しなべて偶然の連鎖に過ぎないが、そんな事象の鎖を俯瞰《ふかん》した時に見えてきた因果の物語を、人は「必然」と呼ぶのかもしれない。結果的に、通勤電車の中で書き始めたその小説は、李琴峰という作家を生み出した。偶然と言えば偶然だし、必然と言えば必然だ。そんなことは、今となってはもうどうでもいいのだ。

私はこれまで、日本語から数々の祝福を受けた。日本語を習得することで、人生は間違いなく豊かになった。世界が何倍も広くなり、何倍も彩度を増した。日本語ができなければ決して出会わなかった人とたくさん出会ったし、見えなかった風景もたくさん見てきた。日本語を学び始めて十数年、いつの間にか日本語は私の最愛の言語となった。最終的に、作家という肩書まで授かった。これは生涯を捧げて返さなければならない贈り物だ。

だからこそ、私はこれからも日本語に祝福を捧《ささ》げよう。言葉を紡ぐことで、精一杯の返礼をしよう。喜んだり、悲しんだり、翳《かげ》ったり、輝いたり、晴れ渡ったり、たそがれたり、愛する女の千の顔を愛《め》でるように、日本語の変幻自在の表情を探索し発見し続けることで、その豊かさに更なる華を飾ろう。

私は書く。自分を見つけた日本語で。自分が手にした日本語で。

初出　「一冊の本」二〇二二年五月号から二〇二四年六月号

装幀・装画
鈴木千佳子

李琴峰　り・ことみ

一九八九年、台湾生まれ。作家・翻訳家。二〇一三年来日。早稲田大学大学院日本語教育研究科修士課程修了。一七年「独舞」（単行本化に際し『独り舞』に改題）で群像新人文学賞優秀作を受賞しデビュー。二一年『ポラリスが降り注ぐ夜』で芸術選奨文部科学大臣新人賞、『彼岸花が咲く島』で芥川龍之介賞を受賞。著書に『五つ数えれば三日月が』『星月夜』『生を祝う』『透明な膜を隔てながら』『肉を脱ぐ』『言霊の幸う国で』『シドニーの虹に誘われて』など。

JASRAC　出
2406492-401

日本語《にほんご》からの祝福《しゅくふく》、日本語《にほんご》への祝福《しゅくふく》

二〇二五年二月二十八日　第一刷発行

著　者　李琴峰
発行者　宇都宮健太朗
発行所　朝日新聞出版
〒一〇四-八〇一一
東京都中央区築地五-三-二
電話　〇三-五五四一-八八三二（編集）
〇三-五五四〇-七七九三（販売）

印刷製本　中央精版印刷株式会社

ISBN978-4-02-252033-3